Täppas Fogelberg

Bevor es dunkel wird

SERIE PIPER

Zu diesem Buch

»Sie haben Retinitis pigmentosa. Das ist ein degeneratives Netzhautleiden, das nach und nach zur Erblindung führt.« So lautet die schlimme Diagnose einer Krankheit, an der allein in Deutschland sechzigtausend Menschen leiden. Ein Schock für den damals dreißigjährigen Täppas Fogelberg – der heute einer der bekanntesten schwedischen Fernseh- und Rundfunkjournalisten ist. Trotz dieser Diagnose lebte Täppas Fogelberg sein Leben weiter wie bisher, heiratete ein zweites Mal und machte Karriere beim Fernsehen. Er versuchte, seinen Kindern ein »ganz normaler« Vater zu sein, seiner Frau ein »ganz normaler« Mann. Doch inzwischen sieht Täppas Fogelberg nur noch wie durch ein Schlüsselloch. Und spätestens, wenn er über eines seiner am Boden spielenden Kinder stolpert, überfällt ihn die Verzweiflung und die Frage: Warum ich? Präzise und eindrucksvoll schildert Täppas Fogelberg seine Anfälle von Wut, aber auch seine Hoffnung und seinen veränderten Umgang mit sich und der Welt.

Täppas Fogelberg, 1951 in Gävle/Schweden geboren, arbeitet für Fernsehen, Rundfunk und Zeitungen, unter anderem ist er Moderator von Talkshows. Sein erstes Buch erschien 1992: »Halli, Hallå!« mit Erinnerungen an seine Kindheit.

Täppas Fogelberg

Bevor es dunkel wird

Geschichte einer Erblindung

Aus dem Schwedischen von
Gabriele Haefs

Piper München Zürich

Ungekürzte Taschenbuchausgabe
Piper Verlag GmbH, München
Februar 1998

Titel der schwedischen Originalausgabe:
»Blindstyre«, Norstedts Förlag AB, Stockholm 1994

Umschlag: Büro Hamburg
Simone Leitenberger, Susanne Schmitt, Annette Hartwig
Foto Umschlagvorderseite: Robin Rice
Satz: Fotosatz Janß, Pfungstadt
Druck und Bindung: Clausen & Bosse, Leck
Printed in Germany ISBN 3-492-22485-7

Der Professor kommt in die Spülküche gesegelt, die Schöße seines weißen Kittels flattern wie Möwenflügel. Überall ist es voll, so daß mein Treffen mit dem Arzt von einer rührigen Krankenschwester, die verstand, daß ich den Arzt unbedingt sprechen muß, geregelt wurde und nun hier stattfindet. Ich sitze auf einem Hokker und baumele mit den Beinen. Neben mir liegt ein dickes Dossier, eine Zusammenstellung aller Untersuchungen, die ich in der letzten Woche habe über mich ergehen lassen müssen.

Ich habe mit Saugnäpfen auf den betäubten Augäpfeln in verdunkelten Zimmern gelegen. Drähte führten von den Saugnäpfen in geheimnisvoll tickende Kästen, und ab und zu wurde der Raum in grelles Blitzlicht gebadet, wie bei einem Gewitter, nur wissenschaftlicher und kontrollierter.

Eine Krankenschwester sitzt bei mir, um mir Gesellschaft zu leisten und dafür zu sorgen, daß die Verbindung zwischen meinen Augen und dem Apparat nicht abreißt. Wir wechseln ein paar Worte, dann ist es still. Sie gähnt. Ich höre, wie ihr Ärmel raschelt, wenn sie den Arm hebt, um einen Blick auf das Leuchtzifferblatt ihrer Uhr zu werfen. Sie sagt, daß es nur noch eine knappe Stunde dauert, und daß es heute bestimmt Fleisch mit Dillsauce zu Mittag gibt.

An einem Tag muß ich sitzen, den Kopf in einem Kasten, und während eine Schwester Kontrastflüssigkeit in meine Armbeuge spritzt, macht eine zweite Aufnahmen vom Augenhintergrund, auf dem die Netzhaut wie ein Baum ausschlägt, pro Sekunde eine. Anhand der Fotos kann man dann prüfen, ob und wie sich die Flüssigkeit ausbreitet.

Die Schwestern sind nett und helfen mir, damit ich bei all den langen Untersuchungen nicht die Geduld verliere. Sie halten mir den Kopf, während sie mir jeden Morgen Flüssigkeit in die Augen träufeln, die die Pupillen erweitert, und erzählen mir dies und das über den Professor. Ich spüre ihren Atem und rieche ihren Lippenstift.

Der Professor ist irgendwo im Haus, aber nie zu sehen, eher ein Mythos als ein Mensch. Schwestern und Patienten tuscheln über ihn.

Er ist es, der all diese Untersuchungsmethoden entwickelt und eine Abhandlung über die Krankheit geschrieben hat, die bei mir vermutet wird.
Eine Schwester gesteht mir, sie habe das Buch nie gelesen, aber sie wisse, wovon es handele. Im hintersten Teil des Augapfels sitzt der Sehnerv, der Impulse zum Gehirn und vom Gehirn weg leitet. Von ihm gehen strahlenförmig ungeheuer viele Nervenstränge aus, und am Ende eines jeden Nervenstrangs sitzt eine Sehzelle. Die Netzhaut ist ein Teppich aus Sehzellen, und wenn alles richtig funktioniert, nimmt jede Sehzelle ihren winzigen Teil des Bildes auf und sendet ihn weiter ins Gehirn. Aus diesen gesammelten Informationen entsteht dann ein Bild: der Sinneseindruck.
Ende der Woche darf ich nach Hause, und ich will den Arzt sprechen, damit er mir das Ergebnis der Untersuchungen mitteilt. Eine Schwester führt mich in die Spülküche, legt den Krankenbericht auf den Tisch und bittet mich, ein paar Minuten zu warten, während sie versucht, den Professor abzufangen.

Ich komme mir vor, als würde ich in einem Gerichtssaal sitzen und auf den Richter warten. Ich habe nur eine ungenaue Vorstellung von dem, weshalb ich verurteilt bin, und nur eine vage Ahnung, welche Strafe ich zu erwarten habe. Es ist nicht einmal sicher, ob ich das wissen *will*. Aber egal, wenn es nur schnell geht, so daß ich nach Hause fahren kann. Im Dunkeln ein bißchen schlecht sehen zu können, ist schließlich kein Grund, Theater zu machen.
Dann kommt der Professor hereingefegt. Er nickt mir kurz zu und blättert rasch den Krankenbericht durch. Er sieht, daß ich ein ganz normaler Mann in den Dreißigern bin. Aber was sieht er noch? Er hält bei manchen Bildern und Diagrammen einen Augenblick inne, murmelt etwas Unverständliches und klappt dann den Ordner zu. Er mustert mich, und hinter seiner Stirn scheint sich ein stummer Kampf abzuspielen. Soll er die lange oder die kurze Erklärung wählen? Welche Form der Information braucht genau dieser Patient? Er schlägt ein Bein über das andere, sozusagen freundschaftlich und ent-

spannt, räuspert sich und klopft mit den Knöcheln auf den Krankenbericht.
»Ja, Sie haben also Retinitis pigmentosa, und das ist eine degenerative Netzhauterkrankung, die Sie nach und nach erblinden läßt. Ich empfehle Ihnen, weder Fotograf zu werden noch sich weitere Kinder zuzulegen, solange Sie nicht festgestellt haben, ob es erblich ist. Noch Fragen?«
Er macht eine kurze Pause und beobachtet mich schweigend. Was soll ich sagen? Ich fühle mich völlig leer.
»Ja«, sagt dann der Professor, als ob er unser Treffen schnell beenden möchte, »ich glaube, mehr brauche ich nicht zu erklären. Oder?«
Ich öffne den Mund, um etwas zu sagen, aber er steht schon in der Tür.
»Tja, also dann. Ich muß jetzt runter in den Keller und operieren. Wiedersehn.«
Weg ist er. Ich bleibe noch eine Weile sitzen, ohne an etwas zu denken. Ich habe eine Krankheit, und die Krankheit hat einen Namen. Aber was weiter? Die Schwester kommt herein und holt meinen Krankenbericht. Sie fragt, ob alles gutgegangen sei.

»Es ging ein bißchen schnell.«
»Er ist immer so beschäftigt. Sie können hier noch zu Mittag essen, ehe Sie nach Hause fahren, aber ansonsten sind wir fertig.«
Sie erzählt, daß sie selbst das Mittagessen ausfallen lassen und statt dessen früher Feierabend machen will, damit sie ihr Wochenendhaus erreicht, bevor es dunkel wird. Ich packe meine Sachen zusammen und nehme den Zug nach Norden, mit einer ganz besonderen Krankheit im Gepäck. Meine Netzhaut will sich verabschieden, weil es an den Enden der Sehzellen zwischen den Plus- und Minuspolen einen Kurzschluß gegeben hat. Ein elektrischer Fehler, und wenn man es mit einer Videokamera vergleicht, sitzt der Fehler nicht in der Optik, sondern in den Chips, die das Bild in Einser und Nullen umsetzen und an das Videoband weiterleiten, an das Gehirn. Wie der Fehler entsteht, weiß niemand, nicht einmal der Professor, und wüßte er es, und könnte er außerdem etwas dagegen unternehmen, würde er den Nobelpreis erhalten. Das wäre sicher schön für ihn, und deshalb forscht er weiter, genau wie

viele andere Forscher rund um den Erdball. Der Ehrgeiz der Akademiker ist meine einzige Hoffnung.
Die Krankheit arbeitet sich von der Peripherie der Netzhaut in ihr Zentrum vor, und deshalb habe ich also schon immer im Dunkeln schlecht gesehen. In den peripheren Teilen der Netzhaut nämlich liegen gerade die Zellen, die mit Licht und Dunkelheit arbeiten. Mein Gesichtsfeld schrumpft, und so verliere ich allmählich meine Weitwinkelsicht und stolpere und stoße oft gegen das, was mir im Weg ist. Im übrigen komme ich noch ganz gut zurecht, wenigstens bei Tageslicht.
Daß ich unter gewissen Bedingungen schlecht sehe – das weiß ich, und das verstehe ich. Aber blind werden? Das kann ich einfach nicht verstehen.

Über dreißig Jahre früher. Wir stehen am Strand und blicken hinauf in den hellen Himmel des Sommerabends. Nur ein schwaches Grau unterscheidet ihn von dem des Tages. Papa hat das Transistorradio neben sich stehen, und Arne Thorén berichtet in einer Direktübertragung aus dem Raumfahrtzentrum in Houston, Texas, daß der Start der Raumkapsel gut verlaufen sei. Jeden Moment kann sie die nördliche Halbkugel und Schweden passieren. Bald wird der kleine leuchtende Punkt auftauchen und wie ein ferngesteuerter Stern über den Himmel ziehen. Papa hebt das Fernglas an die Augen. Er atmet heftig und versucht, eine Zigarette aus der Pakkung zu schütteln, sie zwischen die Lippen zu schieben und mit seinem kitschigen Ronson-Feuerzeug anzuzünden, ohne das Fernglas abzusetzen. Ich sehe den leuchtenden Punkt und bin ganz fiebrig vor Spannung. Ein historischer Augenblick, so beladen und angefüllt mit unglaublichen Möglichkeiten, daß danach alles anders sein wird.

Ich frage Papa, ob ich mit Petter zu Johan

gehen darf, einige Häuser weiter, um den »Mann in Schwarz« zu hören.

»Petter bringt mich danach nach Hause.«

Papa nickt, sagt aber, es dürfe nicht zu spät werden.

Wir sitzen in Johans Häuschen, wo er entweder allein oder mit den Geschwistern schläft. Am Fenster zum Meer flackert eine Kerze. Vor dem schwarzen Fenster tanzt die gelbe Flamme auf und ab. Die Dunkelheit hat sich über Meer und Strand gesenkt, und irgendwo dort draußen schreit ein Eistaucher mit lang widerhallenden Rufen, die in der Schwärze hin und her rollen. Ein Zweig kratzt über das Blechdach, und Petter grinst geheimnisvoll. Johan sitzt auf seiner Matratze voll Sand und pult sich Schorf von einer Stelle an der Wade. Ich sitze mit übereinandergeschlagenen Beinen da und kratze mit den Fingernägeln Sandkörner von der Kopfhaut. Wir lauschen der Stimme von Olof Thunberg, der im Radio eine Gruselgeschichte erzählt, und wir sind davon so gefangengenommen, daß wir kaum daran denken, die Zuckerwürfel und Zwiebäcke zu essen, die Johan aus der Küche geholt und auf den kleinen Tisch gestellt hat. Wir vergessen beinahe zu atmen.

Als die Sendung zu Ende ist, gehen Petter und ich durch die Dunkelheit nach Hause. In den Büschen, die über den Kiesweg hängen, raschelt und knackt es, und als wir die kleine Abkürzung zu unserem Haus einschlagen, lecken Farnwedel wie mit großen steifen Zungen bis weit über unsere Knie.

»Paß doch auf«, sagt Petter, wenn ich gegen einen Stein stoße. Ich murmele etwas. Er kann sehen, wo wir gehen, ich nicht. Ich höre und spüre und weiß ungefähr, wo wir sind, aber genau weiß ich es nicht. Ich erkenne den Laut der knorrigen Föhre, wenn sich die halb umgestürzte Espe an ihr reibt. Vielleicht sieht Petter besser, weil er ein paar Jahre älter ist als ich? Ich weiß es nicht, und ich denke auch nicht viel darüber nach. Ich möchte nur schnell nach Hause und den Schlüssel umdrehen und unter die feuchte Steppdecke kriechen, nachdem ich mit einer Taschenlampe in alle Ecken geleuchtet und

mich davon überzeugt habe, daß in den Schatten keine Gefahren lauern.
Petter sagt »Mach's gut« und verschwindet in der Dunkelheit. Wie gut, nur im Dunkeln Angst haben zu müssen, aber keine Angst um sein Leben. Mein Vater klopft an die Tür und sagt, ich soll das Licht löschen. Ich mache den Finger naß und drücke die Kerzenflamme aus.
Ich liege im Bett und denke über den leuchtenden Punkt am Himmel nach, über die Spukgeschichte im Radio und über Petter, der so gereizt klang, als ich auf dem Weg gestolpert bin. Ich weiß, daß man mich mag, aber ich fühle mich dennoch nicht so in Ordnung, wie ich das bei den anderen Kindern vermute. Sie wirken alle so sicher und wissen genau, wo sie die Füße hinsetzen und wohin sie gehen wollen.

Dämmerung senkt sich über Boulognerskogen, wo wir Ball spielen. Erwachsene führen ihren Hund auf den Kieswegen spazieren, und ein einsamer, frierender Betrunkener torkelt unter den wuchtigen Bäumen umher.

»Jetzt nimm schon den Ball!«

Ich spüre etwas vorüberzischen und höre hinter mir ein Plumpsen im stumpfen, mit Rauhreif überzogenen Gras.

»Spinnst du, oder was?«

Und wenn ich kein Gefühl für den Ball habe? Tagsüber ist das kein Problem. Dann halte ich ohne weiteres jeden Ball. Aber in der Dämmerung, da passiert etwas. Dann haben andere eine Fähigkeit, die mir fehlt. Wir sind einfach unterschiedlich gebaut. Manche Menschen sind musikalisch, während andere gut zeichnen oder mit mehrstelligen Zahlen rechnen können.

Jedenfalls ist es ein Glück, daß ich im Dunkeln keine Angst habe. Im Dunkeln ist es nicht gefährlicher als im Hellen. Alles ist einfach nur anders. Ich weiß, wo die Bäume stehen und wo der Bretterzaun an der Straße anfängt und aufhört. Alles ist ganz vertraut, und außerdem kann man einen Bretterzaun auch dann hören, wenn es dunkel und still ist, denn die Schritte werden wie kurze abgehackte Echos zurückgeworfen. Manche Echos sind kurz und fast wie am Rand abgeschnitten, während andere sich lang hinziehen, wie langsam vom Himmel gleitende Vögel. Geräusche, die zu Echos werden und zurückprallen, sind eine Sprache für sich. Wenn man diese Sprache versteht, kann man seine Umgebung hören.

Damals war mir nicht klar, daß ich eine Sprache lernte, die in der Schule nicht gelehrt wurde. Es war ein völlig natürlicher Teil meines Weges in die Welt, so natürlich und selbstverständlich wie das Atmen.

Regen und Wind zerreißen diese Sprache, und ich kann mich plötzlich in einer mir vertrauten Umgebung verirren, wenn die bekannten Signale verstummen oder zu unbegreiflichen Splittern zerfetzt werden.

Kinder sind oft ein bißchen ungeschickt und linkisch, als ob ihre Arme und Beine nur locker am Körper angeschraubt säßen. Das

Gehirn sendet so viele Signale aus, daß bisweilen alles durcheinandergerät. Ich bin besonders ungeschickt.
Aber Äpfel zu stehlen und im Dunkeln mit dem Rad abzuhauen ist kein Problem. Hauptsache, die Fahrradlampe funktioniert und die Straßenlaternen ergießen ihr verschwommenes gelbes Licht über die Straße.

Unser Biologielehrer sagt, daß manche Menschen im Dunkeln schlechter sehen als andere. Er erzählt von dem alten Seemannstrick, neben das angepeilte Objekt zu schauen, die peripheren Teile des Auges einzusetzen, um dadurch besser das dunkle Meer überblicken zu können. Es kribbelt mir im Magen, denn es geht um mich.
»Nachtblind«, sagt der Lehrer. Das klingt nicht gut, denn offenbar bin ich genau das. Er sagt, es sei weder gefährlich noch anormal, und er wisse, wodurch es kommt.
Rolf, der Klassenbeste, der immer still dasitzt und arbeitet, während alle anderen Quatsch machen und johlen, und der in allen Prüfungen die besten Noten hat, zeigt mir

einige Tage später einen Auszug aus einem Lexikon der Medizin. Dort steht, daß Nachtblindheit eine Folge von Vitamin-A-Mangel sei und daß Mohrrüben und Leber reichlich Vitamin A enthalten.

Wenn es im Eßsaal der Schule gebratene Leber mit Preiselbeerkompott gibt, riecht es so entsetzlich, daß mich ein Brechreiz überkommt. Ich mache an der Tür kehrt und versuche, mich an der Aufsicht vorbeizudrükken, und renne nach Hause und esse ein Butterbrot oder eine Dose Huhn in Reis und Curry und esse es mit der Gabel direkt aus der Dose.

Aber Mohrrüben schmecken gut. Allerdings nehme ich das alles nicht ernst, und außerdem sind Gesundheitstips und die verschiedenen Anleitungen zum Gesundbleiben ebenso langweilig wie die regelmäßigen Fluorspülungen.

Nachtblindheit ist eigentlich nichts Merkwürdiges. Wenn man will, kann man damit sogar ein bißchen angeben. Eigentlich ist es sogar ganz schön, etwas so Ungewöhnliches zu haben.

Eines Tages begegnet mir auf dem Marktplatz ein blinder alter Mann. Er trägt eine Sonnenbrille und eine schmutzige schwarze Baskenmütze und um den einen Arm eine Binde. In der Schule haben wir gelernt, daß derjenige, der eine solche Armbinde trägt, behindert ist.
»Tock, tock«, macht der weiße Stock des Alten, als er sich zwischen Fischverkäufern und Gemüseständen hindurchschlängelt. Die Menschen gehen ihm aus dem Weg. Natürlich macht man einem Blinden Platz. Blinde tun mir wirklich leid. Aber diese Armbinde erinnert mich an ein Bild aus einem Buch, das Papa mir gezeigt hat. Darauf sind Juden zu sehen, die als solche gekennzeichnet worden sind, damit alle, die ihnen über den Weg laufen, erkennen können, daß sie Juden sind. Papa sagt, daß andere Leute diesen so Gekennzeichneten hinterhergespuckt haben. Niemand spuckt einem Blinden hinterher, aber ich sehe, wie ein Gemüsehändler vielsagend die Augen verdreht. Er findet wohl, daß der Blinde sich wichtig macht. Halblaut sagt er, damit die Umstehenden es hören

können, daß gewisse Leute auf Kosten anderer leben, während andere sich abrackern müssen, um zurechtzukommen.
Es gibt auch Blinde, die arbeiten. Einen kenne ich. Der sitzt hinten im Laden und flicht Körbe, und von einem weiß ich, daß er Klavierstimmer ist. Blinde sind sicherlich besonders musikalisch.
Der Alte im Süßigkeitenkiosk am Rande des Parks ist blind. Das wird jedenfalls behauptet, und ich habe gehört, daß einmal ein Junge ihn betrügen und ihm ein Zweiörestück statt eines Fünfzigörestücks geben wollte. Das war eine Gemeinheit, aber der Alte hat es sofort gemerkt. Obwohl er schwielige Hände hat, die grau und klobig wie Felsblökke sind, kann er die Münzen voneinander unterscheiden. Er kennt alles, was er verkauft, weiß, was es kostet. Er ist blind, aber nicht dumm. Aber ein bißchen reizbar ist er schon.

Jetzt bin ich über vierzig und habe einen zusammenklappbaren weißen Stock in der Tasche. Ich habe ihn von einer Frau bei der Sehberatung bekommen, als ich dort war, um eine neue Brille mit getönten Gläsern, die die Bildkontraste vergrößern sollen, auszuprobieren. Ich nahm den zusammenklappbaren Stock fast wie eine Beleidigung entgegen. Ich bin doch nicht blind! Ich sehe nur etwas schlecht. Aber neulich, als ich beim Schreiben eine Pause machte, um auf meinem neuen Herd Kaffeewasser aufzusetzen, mußte ich eine Platte nach der anderen einschalten und die Hand darauflegen, um festzustellen, welche heiß wurde.

Ich war fast sechzehn und kam nicht zusammen mit meinen Freunden aufs Gymnasium. Ich war zu faul und zu unkonzentriert und hatte keine Lust zu lernen. Meine Mutter besorgte mir eine Stelle bei einem Schiffsmakler in Stockholm, und mein Vater fuhr mich mit dem Auto hin.

Ich verließ alles, was mir vertraut war. Gerüche und Geräusche. Menschen, die man zwar nicht persönlich kennt, aber doch wiedererkennt. Alte Frauen mit ihren Einkaufsnetzen. Einen alten Mann, der mit seinem Hund über den Kiesweg trottet. Den etwas zurückgebliebenen Laufburschen, den ich schon von weitem hören kann, wenn er mit seinem klapprigen, scheppernden Lieferfahrrad daherkommt. Er ruft und pfeift immer hinter meiner Schwester her, und sie zieht den Mantel fest um sich und tut so, als sähe sie ihn nicht.

Ich liege im Haus meiner Tante und meines Onkels am Stadtrand von Stockholm im Bett und kann nicht schlafen. Die Gedanken wirbeln wild und unkontrolliert in meinem Kopf herum. Alles geht ohne mich weiter. Zu Hause stehen meine Freunde noch immer neben ihren Fahrrädern und reden. Sie blicken hinter meiner Freundin her, die sich mit einem Jungen trifft, der nicht ich bin. Beide gehen in einen Hauseingang und küssen sich, und sie wird mich vergessen.

Der Wind weht durch die Straßen. Er wirbelt Papierabfälle auf, die sich ab und zu wie die Schlangen eines Schlangenbeschwörers bewegen. Der Wind riecht nach geröstetem Kaffee, Bonbons und Auspuffgasen. Ich wäre gern der, der meine Freundin küßt und der leicht nach vorn gebeugt durch diesen Wind wandert. Das sind meine Sprache, meine Jugend, meine Gerüche und meine Echos.

Alles um mich herum hat eine neue Sprache, und deshalb fühle ich mich abgrundtief einsam. Die Umgebung, die Geräusche, Gerüche und Echos, alles ist neu, und ich schwanke zwischen Angst und Entdeckerfreude. Anfangs blockiert mich die Angst, aber langsam zeichnet sich eine neue Welt ab, in der ich versuchen muß, mich zu Hause zu fühlen.

Das Kontor, mein Arbeitsplatz, liegt auf Skeppsbron mitten in der Stadt und ist eine Ansammlung kleiner Zimmer, Flure und Treppenabsätze. Der Geruch von abgezogenen Matrizen, die das verschwitzte Nilpferd von einem Hausmeister mit sich herumschleppt. Ein Zigarillo, der in einem Aschenbecher schwelt. Gummibänder, Büroklammern und ein Farbband, das sich verheddert und um die Schreibmaschinenwalze wickelt. Kaffee, der in einer Tasse am Rand des Schreibtischs kalt geworden ist, und zwei hineingeworfene Kippen, die wie zwei aufgequollene Leichen darin herumschwimmen. »Geh dahin!« – »Lauf mal rüber!« Alles ist eilig, eilig und von äußerster Wichtigkeit. Die Telefone klingeln, und das Telex rattert. Das ist nicht der langsame Trott der Schule, wenn man sich gelangweilt zwischen den Klassenzimmern hin und her schiebt. Jetzt ist es ernst. Alle sind so merkwürdig, und ich brauche eine Weile, um den Jargon zu lernen und die Nuancen in Tonfall und Stimmlage herauszuhören. Wer sich böse anhört, braucht nicht wirklich böse zu

sein, und umgekehrt. Einige müssen mit »Sie« angeredet werden, andere darf man mit »du« anreden.
Die Chefsekretärin ist eine große Frau mit vollen Schenkeln und wogendem Leib. Wenn sie mit ihrem vollgekritzelten Stenoblock aus dem Zimmer des Direktors kommt, um das Diktat ins reine zu schreiben, werfen sich die Männer vielsagende Blicke zu und tuscheln, daß Araber dicke Frauen lieben. Sie fährt im Urlaub immer dorthin, und ich stelle mir vor, wie sie in einem durchsichtigen Nachthemd in dem geräumigen Zelt eines Sultans auf dem Diwan liegt und Trauben ißt.
»Fahr zum Hammarbyhafen und bring dieses Papier auf die ›Anna Becker‹. Die hat gerade angelegt.«
Ich gehe zur Haltestelle und nehme den Bus, den man mir genannt hat. Nach einiger Zeit erreiche ich ein großes Krankenhaus. Irgend etwas stimmt hier nicht, und ich gehe in eine Telefonzelle und rufe im Büro an.
»Wie sieht es denn da aus, wo du bist?«
Ich erkläre, daß hier große ziegelrote Ge-

bäude stehen und daß es sicher so etwas wie ein Krankenhaus ist.
»Dann bist du beim Karolinska-Krankenhaus«, stöhnt der Bürovorsteher. »Du bist in die falsche Richtung gefahren. Nimm den nächsten Bus und fahr bis zur anderen Endstation. Du solltest doch zum Hammarbyhafen, oder? Jetzt ist es wirklich eilig!«

Es dauert mehrere Wochen, bis ich mit den vielen Winkeln, Echos und Schatten des Büros vertraut geworden bin.
Bei Tageslicht ist das kein Problem. Ich lerne, mich in den Häfen zurechtzufinden, und komme dann sogar abends und frühmorgens ganz gut klar, vorausgesetzt, die Landungsbrücken sind beleuchtet.
Einmal soll ich an einem Spätnachmittag im Winter zu einem kleinen Schiff in einem Hafen, in dem ich noch nie gewesen bin. Die Anlage ist nicht sehr groß, und es gibt keine Straßenlaternen, jedenfalls brennen sie nicht.
Ich taste mich von der Bushaltestelle aus vorwärts und irre zwischen den stummen

Lagerhäusern umher. Ich stolpere über Trossen, mit denen die Planen festgehalten werden, und versuche zu hören, wo die Begrenzungen der Kais sind. Es wäre nicht gerade lustig, ins eiskalte Wasser zu fallen und zwischen spitzen verdreckten Eisschollen und Konservendosen in der braunen Brühe herumzuplanschen, die gegen die Kaimauern schwappt. Schließlich finde ich eine Laufplanke und steige sie hoch. Mein Herz hämmert. Der Atem strömt in nervösen Wolken aus meinen Nasenlöchern, und aus der Jacke steigt die aufgewühlte Körperwärme auf.
»Hallo!« rufe ich verzweifelt in die Dunkelheit hinein. Das Schiff sieht aus wie ausgestorben, und nirgendwo brennt Licht. Eine Eisentür quietscht. Jetzt habe ich gleich ein Messer zwischen den Rippen.
Plötzlich habe ich direkt vor mir ein Gesicht. Ich kann den Atem des anderen spüren. Er riecht nach Bier, Zigaretten und unterbrochenem Schlaf. Aber erst als oben auf der Straße ein Auto vorbeifährt, dessen Scheinwerferlicht über das Schiff huscht, kann ich den Mann erkennen. Sein Gesicht aber sehe

ich immer noch nicht, das Scheinwerferlicht läßt nur seine Zähne aufblitzen. Sie leuchten wie nikotingelbe Katzenaugen, um dann gleich darauf zu erlöschen.

»Are you all right?«

»I don't see so good ... I'm a bit blind ...«

Der Mann nimmt meinen Arm und führt mich in die Kajüte. Er schaltet die Lampe ein, und nun sehe ich, daß er schwarz ist. Er sieht freundlich und verschlafen aus. Ich übergebe ihm das Papier, das er mit einem flotten Namenszug quittiert. Er gähnt. Ich verabschiede mich und will gehen.

»You need any help?«

»No, thanks, it's okay.«

Ich brauche ja wohl keine Hilfe. Es ist nur ein bißchen schwierig, etwas zu sehen. Die Laufplanke knackt und schaukelt, und als ich den Kai erreicht habe, versuche ich, die Straßenlaterne bei der Bushaltestelle ausfindig zu machen, aber die wird von einem Lagerhaus verdeckt. Ich muß wissen, in welcher Richtung die Straße liegt, damit ich nicht ins Wasser falle. Ein Moped fährt vorüber, und obwohl ich es nicht sehe, kann ich

es hören. Die Straße muß also in dieser Richtung liegen. Vorsichtig gehe ich weiter und taste mich langsam Schritt für Schritt voran. Ein Geräusch kann täuschen, wenn es von irgendwoher zurückgeworfen wird, was man nicht kennt.
Warum habe ich keine Taschenlampe mitgenommen. Das ist doch heller Wahnsinn! Wenn ich diesen kleinen schmutzigen Hafen nur ein paarmal bei Tageslicht besucht hätte, wäre alles kein Problem, aber jetzt irre ich bereits seit einer halben Stunde zwischen Containern, Kränen und Schuppen umher, bis ich endlich bei der Laterne an der Bushaltestelle heil angekommen bin.
An der Haltestelle steht eine alte Frau. Sie nickt mir freundlich zu, aber ich kämpfe mit den Tränen. Das eben war so entsetzlich, daß ich einen zentnerschweren Druck auf der Brust verspüre. Die Kehle ist wie zugeschnürt. Mein Herz hämmert, und meine Jacke wird zu einem Blasebalg, der die Körperwärme aufsteigen läßt und in den feuchtkalten Wind hinausjagt.
Ich sitze in dem warmen Bus und überlege.

Wie konnte das passieren? Ich weiß doch, daß ich im Dunkeln schlecht sehe, aber daß es trotzdem immer irgendwie klappt. Normalerweise finde ich mich genausogut zurecht und kann ich genausogut sehen wie andere, und dann, plötzlich und unvorbereitet, bricht das ganze System zusammen. Aber auch diesmal habe ich es wieder geschafft.

Manchmal überkommt mich ein Gefühl, wie ich sterben werde. Es ist wie ein Aufleuchten. Zu sehen ist nichts, es ist nur ein Gefühl: Ein großer harter Metallgegenstand kommt plötzlich von der Seite mit einem kurzen Pfeifen angeschossen. Dann ist Schluß. Es geht schnell. Ist es ein Kranarm, ein Auto oder eine Stahltrosse, die durchgescheuert ist und mit lautem Zischen durch die Luft jagt und meinen Körper einfach mittendurch schneidet, wie ein Käselaib auf dem Tresen eines Feinkostkändlers zerschnitten wird? Ich hoffe, es wird so schnell gehen, daß ich nicht mehr denken oder leiden muß.

Langsam öffnet sich die Stadt für mich, und ich fange an zu verstehen, wie sie funktioniert, welche Menschen was machen, wo sie wohnen und arbeiten. In der Stadt gibt es unheimlich viel, was ich nicht verstehe. Ich muß lernen zu sortieren, vieles zu ignorieren, anderes richtig einzuordnen.

Samstags herrscht in der Stockholmer Innenstadt ein schreckliches Gewimmel, wenn sich die Menschen aus den Vororten und den Schlafstädten hier drängeln und einkaufen. Anfangs empfinde ich es als einschüchternd, weil alle von ihren üblichen Wegen abweichen, ein Ameisenhaufen, bei dem sich plötzlich die Muster auflösen und Tausende verwirrter Ameisen zurückbleiben. Aber bald stelle ich fest, daß es auch in dem Gewimmel am Samstag Muster gibt. Wenn meine Verwandten in die Stadt fahren, gehen sie jedesmal dieselben Wege und sehen sich jedesmal dieselben Geschäfte an wie am Samstag davor.

Warum denke ich so viel über Wege und Muster nach? Vielleicht weil ich selbst darauf angewiesen bin, meinen Weg zu finden und Dinge wiederzuerkennen, während ich mich gleichzeitig nach etwas sehne, das von dem Gewohnten abweicht. Diesen magischen Augenblick, wenn man durch ein plötzliches Ereignis aus der Bahn geworfen wird – ein gutes Gedicht oder einen unerwarteten Wetterumschwung. Ich liebe den ersten Schnee oder einen plötzlichen Regenschauer, von dem man überrascht wird. Das ist, wie sich zu verlieben.

In meinen physischen Fähigkeiten und meiner psychischen Veranlagung gibt es etwas, das in verschiedene Richtungen zieht. Es gibt so viel, was ich nicht verstehe, und vielleicht ist es mir deshalb so wichtig, zu lesen, umherzuschlendern und alles hin und her zu drehen und zu wenden.

An manchen Wochenenden fahre ich zu Besuch nach Hause. Papa hockt in seiner kleinen schmutzigen Wohnung in einem alten Holzhaus hinter der Kirche und raucht Zigaretten. Das Waschbecken hat Risse, und die Seife ist zu einer schorfigen Kruste eingetrocknet, die sich unter dem kalten Wasser des einzigen Wasserhahns nicht auflöst. Papa hat genug mit seinem eigenen Schicksal zu tun und fragt nicht weiter danach, wie es mir geht, sondern läßt nur ein paar Bemerkungen über meine geflickten Jeans fallen. Seine Brillengläser sehen aus wie Goldfischgläser, in deren trübem Wasser nur schwach zwei müde alte Fische zu erkennen sind.

Mama ist in eine kleine Wohnung in einem großen häßlichen Haus im Osten der Stadt gezogen. Ich sage geradeheraus, was ich denke, und als ich ihr auch noch sage, wie häßlich der Zahnbürstenhalter ist, fängt sie an zu weinen. Ich finde mich gemein und blöd.

Unten in der Stadt erkenne ich nichts wieder. Der Marktplatz mit allen Gemüseständen und Fischbuden wird gerade von einem riesigen Kaufhaus verdrängt. Einige der alten Häuser sind abgerissen und durch moderne Fassaden mit Bürofenstern ersetzt worden. Es riecht nicht mehr so vielfältig wie früher, Lachen und Rufen haben sich in die Nebenstraßen verzogen und sind von der Dunkelheit verschluckt.

Selbst die Geräusche hören sich anders an. Die Schritte werden von den düsteren Fassaden kurz und hart zurückgeworfen. Ich erkenne nichts wieder. Das ist schrecklich, und plötzlich sehne ich mich zurück nach Stockholm. Nach dem Gewimmel und all dem Unbekannten. Nach dem alten Mann, der bei Wind und Wetter auf dem Järntorg steht und Würstchen verkauft. »Heiße Würstchen, Würstchen«, ruft er wie der Muezzin einer Würstchenmoschee. Er trägt einen weißen Kittel, um zu betonen, wie wichtig ihm im Umgang mit Lebensmitteln die Hygiene ist, aber man erzählt sich, daß er an kalten Wintertagen sein Gebiß herausnimmt und in die Wurstbrühe legt. Dann saugt er an dem warmen, aromatisch duftenden Gebiß, während

er weiter »heiße Würstchen, Würstchen« ruft.
Ich kaufe nie Würstchen bei ihm, aber es ist schön, daß er dort steht, denn er ist wie ein Nebelhorn, weil er noch in der Dunkelheit eines späten Winternachmittags seinen Spruch ruft.
Ich weiß, wo er steht, und ich höre ihn, und ohne daß er es weiß, hilft er mir, meinen Weg zu finden. Er ist ein akustischer Leuchtturm für Nachtblinde.

In gewisser Weise war es leichter, schlecht zu sehen, solange mir das noch kaum bewußt war. Die Dunkelheit und das Gewimmel in einer Kneipe oder in einem Musikklub können ein beängstigend schwarzes Chaos sein, aber wenn ich alles vergesse und mich einfach kopfüber mitten ins Getümmel stürze und gleichsam umherschwimme und -taumele, geht es normalerweise immer gut. Wenn ich mit siebzehn meine Diagnose und die Prognose für den Krankheitsverlauf erfahren hätte, dann hätte ich vermutlich weniger gewagt und manches für unmöglich gehalten.

In der Kunsthochschule gibt es oft fröhliche Feten, zu denen alle kommen können, auch wenn sie nicht dort studieren. Eigenartige, witzige Bands spielen, und das Bier wird zum Selbstkostenpreis verkauft.
Es ist dunkel und laut, und ich bin mit ein paar Freunden da. Wir stehen am Rand des Gewühls, trinken Bier und rufen uns im Lärm etwas zu. Plötzlich nimmt ein Mädchen meine Hand und will mich auf die Tanzfläche

ziehen. Ich stelle meine Flasche weg und gehe hinter ihr her. Wir tanzen im Gewühl, stoßen mit anderen zusammen, drehen uns und lachen. Ich sehe nicht viel, aber das macht nichts, denn ihre Hände sind die ganze Zeit da und streifen meine, und manchmal gleitet eine Strähne ihrer langen braunen Haare über mein Gesicht. Die Haare riechen gut und bringen mir kleine lustige Botschaften, die ich sogar in diesem verrauchten Lokal verstehen kann. Ich bin glücklich und voll und ganz hier, ohne zu denken oder bewußt zu empfinden.

Nach einigen Stunden endet die Fete. Meine Freunde sind verschwunden, und das Mädchen und ich fahren mit dem Bus in die Altstadt. »Wollen wir noch in einen Klub gehen?« fragt sie. Ich zögere, denn um dunkle Klubs mache ich normalerweise einen Bogen, aber mit ihr zusammen fühle ich mich völlig frei. Wir gehen durch die Gassen, dann durch ein Tor und schließlich eine steinerne Wendeltreppe mit ausgetretenen buckligen Stufen hinunter. Wir teilen uns ein Bier und tanzen. Sie begrüßt Bekannte, und als sie mich in ein dunkles Gewölbe zieht, komme ich ins Stolpern.

»Ich sehe im Dunkeln ziemlich schlecht«, sage ich entschuldigend.

»Das macht nichts«, sagt sie. »Halt dich an mir fest.«

Wir tanzen, bis der Klub schließt, und dann stehen wir draußen auf der Gasse. Sie zeigt zu einem Fenster hoch:

»Da oben wohne ich.« Ich frage mich, ob das eine Einladung ist, sage aber nichts. Sie ist müde und will schlafen. Wir verabschieden uns, und ich sehe, wie sie von den Schatten verschluckt wird, und höre, wie sie die Haustür aufschließt und hineingeht.

Sorglos ein Lied, das ich den ganzen Abend gehört habe, vor mich hin pfeifend und summend, mache ich mich auf den langen Heimweg. Die Morgendämmerung kriecht langsam über die Häuser, bedeckt die Dachfirste mit goldenen Streifen und läßt manches Fenster im Licht explodieren. Tauben gurren und trippeln um zwei Dohlen herum, die sich um einen Fischkopf auf dem Bürgersteig streiten.

Am Montagmorgen fragen die Arbeitskollegen, wie denn das Wochenende gewesen sei.
»Schön«, sage ich. »In der Kunsthochschule war eine coole Fete.«
»Und hast du ein bißchen gebumst?«
»Ah«, sage ich verlegen und muß unbedingt irgendwo anders etwas erledigen.
Es hat keinen Sinn, etwas zu erzählen. Wie sollten sie das auch verstehen? Ich bin von der Dunkelheit verschluckt worden, war aber glücklich und geborgen. Ich habe wie ein Irrer getanzt, mitten im Gewühl, ohne Maß, ohne Zeit, ohne Grenzen. Nur Gegenwart. Das ist für jemanden anders vollkommen unverständlich.

Manche Menschen betreiben ihr Leben wie ein Projekt. Sie setzen sich Ziele und geben sich dann alle Mühe, um diese zu erreichen. Sie eignen sich solide Fachkenntnisse an und führen ein interessantes Leben in der Gewißheit, daß es sich lohnt, zu arbeiten und immer zu wissen, was man will.
Bei mir ist das anders. Mich schickt der Zufall wie eine Flipperkugel durch den scheppernden, blinkenden Flipperautomaten des Lebens. Nicht daß ich willenlos bin, aber meine Entscheidungen sind rasch und im Nu gefaßt. Ich mag das Gewimmel arabischer Gassen lieber als den rechtwinkligen und leichtverständlichen Stadtplan von Manhattan.

Eines Tages begegnet mir in der Eisenbahn Petter. Er ist richtig erwachsen geworden, ist in eine Kleinstadt in Hälsingland gezogen und hat geheiratet. Er erzählt mir von der dortigen Volkshochschule, auf deren musischem Zweig gezeichnet, gemalt und mit unterschiedlichen Materialien gearbeitet wird. Dort bewerbe ich mich.

Die Atmosphäre in den Häfen ist rauh und herzlich, aber ich sehne mich nach etwas anderem, danach, etwas mit den Händen zu schaffen, Dinge, die vielleicht keine Funktion haben, aber schön anzusehen sind. Das ist nichts für Seebären und Schauerleute voller Schwielen, die in ihrer Jugend oft das Kap der Guten Hoffnung umrundet und sich in den seltsamsten Ecken und Enden der Weltmeere alle erdenklichen Geschlechtskrankheiten geholt haben.
Nachts, nach der Arbeit im Hafen, höre ich Jimi Hendrix und löte Skulpturen aus Metallgegenständen, über die ich auf den Kais gestolpert bin. Das erzähle ich meinen Arbeitskollegen nicht. Das behalte ich für mich. Kunst, das heißt höchst Unnötiges, hat nichts zwischen Kränen und Trossen zu suchen, die Container mit eingesalzenen und glitschigen Elchhäuten heben. In den Pausen wird in den kleinen Buden über Sport geredet, und einer schwärmt von den Mösen in einem Puff am Oberlauf eines Flusses in Afrika.
»Die waren wie Melkmaschinen«, sagt ein

Schauermann träumerisch und wickelt ein klebriges Wurstbrot aus dem Butterbrotpapier. Ich denke an meine erste Freundin, wie sie atmete und roch, wenn wir in der Dunkelheit beieinanderlagen und uns berührten. Wie wir uns und das Leben selbst berührten, und ich sehne mich fort, weit fort und nach etwas anderem als diesen schmutzigen Pausenhäuschen im kalten Novemberschneematsch.

Die Volkshochschule nimmt mich an, und ich verlasse Stockholm.
Unterwegs im Zug nach Norden blättere ich in einer Gedichtsammlung von Rimbaud. Ich lese ein Gedicht über Aufbruch und Visionen. Die Sehnsucht nagt wie Hunger an mir. Wenn ich damals schon meine Diagnose und Prognose gekannt hätte, wäre ich vielleicht versucht gewesen, mich dem vorhersagbaren Krankheitsverlauf entsprechend einzurichten, und hätte nicht gewagt, Bekanntes loszulassen. Ein Heiler oder Astropsychologe würde vielleicht das Gegenteil behaupten: Daß die beste Art, die Logik zu überlisten,

die ist, sie auszuschalten, indem man ständig neue Wege ausprobiert. Ein wichtiger Ausbildungsweg für einen, der blind wird.

Wir wohnen in der Schule, und meine Klassenkameraden merken bald, daß ich eine kleine Eigenart habe. Ich bin nachtblind. Aber ich lerne rasch, mich in der Schule und der kleinen Stadt zurechtzufinden, und ich kann mich überall, selbst im Dunkeln, ungehindert bewegen.

Oft sitzen wir abends zusammen, trinken Wein und reden. Vor dem Wohnheim liegen die abendfeuchten Rasenflächen, und gleich dahinter fließt die breite, mächtige Ljusna auf ihrem Weg zum Meer.

Der Wein ist ausgetrunken, und der ganze Verein macht sich auf zu einem Restaurant, das noch geöffnet hat. Meine Freunde wissen, daß ich in gewissen Situationen Hilfe brauche, aber an diesem Abend sind alle blau, und wir kommen aus dem Restaurant und wollen zur Brücke hinunter, die in die Innenstadt führt. Alle sind mit sich selbst beschäftigt und reden und lachen. Ich gehe allein für mich und habe plötzlich das Gefühl, daß ich vor einem Graben stehe. Also nehme ich Anlauf und springe. Aber es ist gar kein Graben, sondern ein Pfosten, und ich stoße mit dem Kopf dagegen und zerbreche meine Brille.

Bald darauf sind wir wieder im Wohnheim, und eine Frau, die die nüchternste von uns, aber trotzdem ziemlich angetrunken ist, beugt sich über mich und entfernt Glasscherben aus meinen Augen. Es ist sehr unangenehm. Die Situation ist wie eine deutliche Warnung, ein alarmierendes Signal.

Sie findet alle Glasscherben, und am nächsten Tag meint der Direktor nebenbei, daß es am Vorabend ja wohl heiß hergegangen sei.

Heiß! Ich wäre fast blind geworden, nicht langsam und schleichend, sondern gewaltsam und rasch. Damals wußte ich allerdings noch nicht, daß beides passieren würde. Das war undenkbar und weit außerhalb meines Fassungsvermögens.

Unterdessen sitzt Papa in seinem alten Sessel, bechert Rotwein und raucht, bewegungslos, stinkend und jenseits von allem. Er sitzt einfach da. Hin und wieder besuche ich ihn, aber er interessiert sich für nichts. Er sitzt in seinem Sessel wie ein trauriger Buddha und denkt nur daran, daß er noch einen Schluck will.

Eines Tages, als er aufstehen will, passiert es. Seine Beine tragen ihn nicht mehr. Jetzt wird er zum Gegenstand öffentlicher Fürsorge und darf sich in einen Rollstuhl setzen. Er zieht in eine gemütliche kleine Behindertenwohnung ohne Türschwellen, und es geschieht das Paradoxe: Er lebt wieder auf.

Vorher war er ein Nichts, ein gekentertes Wrack, das eigentlich schon längst hätte untergegangen sein sollen, das aber noch weiterdümpelte und die Farbe behielt. Jetzt, als Behinderter, hat er wieder eine Rolle. Er ist nicht länger ein Gescheiterter, der einmal etwas *war*. Jetzt *ist* er jemand.

Bald ist er, wenn er über die Straßen und Plätze rollt und nett und munter ist, gern gesehen. Er wird zum Vorsitzenden einer

Umweltorganisation gewählt und ist auch in anderen Vereinen aktiv. Seinen täglichen Alkoholkonsum schiebt er bis zu den Abendnachrichten auf. Er ist wieder wer. Geschätzt, anerkannt und vermutlich mit seinem Dasein ziemlich zufrieden.

Ich will ja nicht durch meine Behinderung jemand werden. Ich will nicht aus Prinzip das Gegenteil tun, aber ich will, daß es mich weiterhin gibt und ich Dinge tun kann, ohne daß sich die Leute umdrehen, mich mitleidig ansehen und sagen:
»Ist es nicht phantastisch! Er sieht nichts, kämpft aber weiter. Wenn es doch bloß mehr von dieser Sorte gäbe!«
Ich will nicht, daß ich wegen meiner Behinderung existiere, und Gott weiß, daß es Tage gibt, an denen ich überhaupt nicht leben will.
Ich blättere wie in einem farbenprächtigen Reisekatalog verzweifelt nach möglichen Auswegen, werde dann aber von einem meiner Kinder, das um ein Glas Saft bittet, in die Wirklichkeit zurückgeholt.
Natürlich bekommt das Kind sein Glas Saft.

Natürlich will ich weiterleben, wenn ich erst alles durchdacht habe, was mit meiner Behinderung zu tun hat. Es hat keinen Zweck, zu schreien oder etwas zu zerschlagen oder aus dem Fenster zu springen, obwohl es weder Pillen noch andere rasche Hilfe gibt gegen die Angst vor dem Blindwerden.

Es ist eigentlich ganz leicht: Ich bin einfach dazu gezwungen, daß ich es schaffe. Niemand kann mir sagen, wie ich damit fertig werden soll. Ich will es schaffen, ohne daraus eine Lebensaufgabe zu machen.

Jetzt wohne ich mitten in Stockholm. In unserem Viertel finde ich mich zurecht, und in dem Café, in das ich manchmal morgens gehe, weiß man, daß ich schlecht sehe, und hilft mir, die Geldscheine auseinanderzuhalten. Das Personal im Supermarkt hilft mir, die richtigen Waren zu finden, und Bekannte, die mir auf der Straße begegnen, nennen ihren Namen, damit ich weiß, mit wem ich es zu tun habe. Auch im Kindergarten meiner Kinder ist man mir behilflich. Es wird einem bei fast allem geholfen – man muß sich nur trauen, um Hilfe zu bitten. Ich habe eine ganze Weile gebraucht, meine Hemmungen zu überwinden. Jetzt muß ich um Hilfe bitten. Für Zögern oder Zaghaftigkeit ist kein Platz mehr.

Manchmal aber ist es unangenehm zu wissen, daß man gesehen wird, ohne selbst sehen zu können. Ich bin jetzt stark sehbehindert, komme aber praktisch und physisch leidlich zurecht. Wenn sich mein Sehvermögen wieder rapide verschlechtert hat, kommt es vor, daß ich den Boden unter den Füßen verliere und durch ein Wirrwarr aus

Gedanken und Bildern taumele. Dann möchte ich mich in einem großen warmen Bett verkriechen und schlafen oder mir die Birne vollschütten und im Chaos verschwinden. Aber ich kann über lange Zeit hinweg arbeiten und mein Alltagsleben führen, ohne daran zu denken, daß ich kaum noch etwas sehe.

Manchmal begegnen mir irgendwelche Leute, Bekannte, die ich lange nicht gesehen habe, die aber gern etwas Persönliches sagen wollen. Die legen mir dann die Hand auf den Arm, wenn Ehe, Kinder und Arbeit abgehakt sind, kommt die Frage:

»Aber du, was ist das für ein Gefühl, blind zu werden?«

Diese Leute meinen es nicht böse, sondern wollen auf ihre etwas aufdringliche Art persönlich sein. Es ist, als ob einer, der Angst vor Homosexuellen hat, sich betont lässig gibt und ganz direkt fragt: »Was ist das für ein Gefühl, schwul zu sein?«

Dann schaut dieser Mensch mich mitleidig an, zwinkert mit den Augen und fügt hinzu: »Aber wenn ich mich entscheiden müßte, ob ich blind oder taub werden wollte, ich glaube, dann würde ich lieber blind werden. Stell dir vor, taub zu sein! Das wäre doch entsetzlich, oder?«

Ja, wirklich, es wäre so schrecklich, daß man es sich kaum vorstellen kann.

Als ich klein war, haben wir uns gegenseitig gefragt:

»Was würdest du machen, wenn die ganze Welt verbrennen würde?«

»???«

»Eine neue kaufen!«

Es gibt viele Arten, mit dem Sinnlosen und Unerklärlichen, das wir nicht kontrollieren können, umzugehen. Ich ziehe einen rauhen befreienden Scherz dem Mitleid und dem Dackelblick vor.

Die Journalistin einer Illustrierten ändert nach einem langen redseligen Interview über meine Arbeit ihre Miene. Sie hat einen kleinen Notizblock neben ihrer Leinenserviette liegen, auf dem sie herumkritzelt, während sie »hm« sagt und an ihrem Mineralwasser nippt. Ich esse eine mit Blätterteig überbackene Fischsuppe, die köstlich schmeckt, und trinke Bier. In der nächsten Nische sitzen erfolgreiche Männer in Anzügen und lachen laut und schallend. Sie reden sicher über Segelboote.

Ich bin fast fertig mit meiner Suppe, und der Journalistin fallen keine Fragen mehr ein. Ich sehe es ihrem Gesicht an, daß es jetzt kommt. Sie weiß nur nicht, wie sie dazu überleiten soll, damit die Frage nicht aufdringlich erscheint. Sie sieht klug und gefaßt aus, freundlich und kameradschaftlich, als sie fragt:

»Und wie geht es mit den Augen? Ich habe gehört, daß du Probleme hast?«

Probleme? Du miese kleine Ratte. Ich werde blind, verdammt noch mal, und du hast weder die Kompetenz noch das Recht, darin herumzuwühlen. Du und deine Zeitung – versucht ja nicht, mit meinen »Problemen« Geld zu verdienen.

Aber das sage ich nicht, ich bin schließlich wohlerzogen.

»Ach, sicher ist das lästig, aber ich kann schließlich fast alles tun, außer Autofahren …« Ich lasse auf diese Weise das Thema fallen, und es weht hinweg von unserem Tisch, der diesmal einem mit Sensationsblättern vollbeladenen Dampfer gleicht.

Ich bin mit meiner Verlegerin in einem der besten Restaurants der Stadt zum Lunch verabredet, um über dieses Buch zu sprechen. Sie wünscht, daß ich über alles berichte, was mit meinem schlechten Sehen zu tun hat. »Einen detaillierten Bericht aus einem Land, das den meisten unbekannt ist.« Wie findet man zum Beispiel auf einer fremden Toilette Klopapier? Ich erzähle von dem Blindenheim, in dem ich einen Vortrag gehalten habe. Das Klo war total vollgepißt, da keiner der männlichen Anwesenden die Karten auf den Tisch der Wahrheit legen wollte: Okay, ich bin blind, also ist es besser, wenn ich mich beim Pinkeln hinsetze, denn dann landet der Urin da, wo er hinsoll. Das Klo des Blindenheims war vom Boden bis zur Decke vollgespritzt. Die wollten sich, verdammt noch mal, beim Pinkeln nicht setzen, denn das tun nur Frauen, aber keine richtigen Männer.

Als ich selber etwas später aufs Klo gehe, pinkele ich ins Waschbecken, weil ich zu faul bin, die Hose herunterzuziehen und mich zu setzen. Gleichzeitig kann ich den Waschbek-

kenrand deutlich fühlen und bin absolut sicher, daß der Urin in den Abfluß läuft. Davon erzähle ich nichts, als ich mich wieder an den Tisch setze.
Sehbehindert zu sein ist die eine Seite – ein Ekelpaket zu sein die andere. Dürfen Sehbehinderte abstoßend sein oder sich wenigstens ein bißchen danebenbenehmen? Möglicherweise führt die Behinderung dazu, daß der Betroffene versucht, sich so normal wie möglich zu verhalten – gerade wegen der fehlenden normalen Funktionen. Die Normalität gerät zur Parodie: Ich bin sehbehindert, aber trotzdem ganz normal! Ich bin tatsächlich unerhört normal!
Vielleicht finde ich es deshalb so interessant, mich danebenzubenehmen, und bin so gern das, was andere als abstoßend bezeichnen. Eine postpubertäre Sturheit, die ich in schöne Worte über gesteigertes Lebensgefühl verpacke.

Draußen im Dunkeln zu pinkeln kann zu einem Problem werden, denn auch im Freien möchte jeder Mensch mit einem dringenden

Bedürfnis ein Minimum an Privatsphäre haben.
Ich weiß nie, ob ich nicht nur zwei Meter von Menschen entfernt stehe, die die Dunkelheit bevölkern und sich mucksmäuschenstill verhalten, um dann plötzlich betreten zu husten. Diese Mischung aus Unsicherheit und Trotz, daß es ist, wie es ist, kann mich ganz schön in die Irre führen.

In einer warmen Nacht sitzen wir auf einer griechischen Insel mit neuen Freunden vor einer Taverne. Es ist so spät, daß nichts mehr ausgeschenkt wird, aber wir dürfen unsere Gläser behalten und reden beim Bier noch eine Weile weiter. Das Lokal liegt unten am Hafen, und lediglich eine Straße trennt den Kai von unserem Tisch.
Die Frauen müssen aufs Klo und gehen durch eine Gasse zu einer Art öffentlichem WC. Nach einer Weile kehren sie zurück und erzählen, wie verdreckt und widerwärtig die Toilette war. Ich muß auch und stehe auf, um mein Geschäft zu erledigen.
»Ich geh zum Pinkeln rüber zum Kai«, sage

ich. Warum soll ich in der Dunkelheit umherirren, um eine ekelhafte Toilette zu vorzufinden, wenn ich nur fünfzehn Meter zu gehen brauche? Jemand bietet an, mich zu begleiten, aber ich sage, daß ich das schon allein schaffe. Bei Tageslicht habe ich ja gesehen, wie weit es vom Lokal zum Hafenbecken ist. Niemand protestiert, als ich die Straße überquere. Meine Frau zum Beispiel weiß genau, wie erbärmlich wenig ich im Dunkeln sehe, aber sie weiß auch, daß ich mit solchen Situationen gut umgehen kann. Ich habe zwar einiges getrunken, erinnere mich aber, wie weit ich gehen darf, ohne ins Wasser zu fallen. Zwei, drei Meter weiter öffne ich meinen Hosenschlitz und fange an, in die pechschwarze Dunkelheit zu pinkeln. Es ist unerhört befreiend, aber plötzlich höre ich genau vor mir jemanden wütend aufschreien. Sofort höre ich auf zu pinkeln, und eine Stimme schreit mir etwas ins Gesicht. Die Stimme kommt aus nächster Nähe und ist nicht nur zutiefst empört, sondern rasend wütend. Das ist mir klar, obwohl ich kein Griechisch spreche. Ich stelle mir schon vor, wie ich von zwei schmierigen Polizisten abgeführt und in die scheußliche kleine Gefängniszelle des Ortes eingesperrt werde.

Einer unserer neuen Freunde kommt aus der Kneipe über das Kopfsteinpflaster angerannt. Er spricht Griechisch und Englisch, und in der Dunkelheit bricht nun eine wilde Diskussion los, während ich bestürzt danebenstehe und zuhöre.

Nach einer Weile erklärt mir mein Freund, daß ich das ungewöhnliche Pech gehabt habe, auf einen Faßbinder zu pinkeln, der sich genau an dieser Stelle mit Matratze, Kissen und Decke sein Nachtlager aufgebaut hatte. Mein Freund erklärt dem Mann, daß ich im Dunkeln nichts sehe und daß er mir deshalb meinen schrecklichen Irrtum verzeihen müsse.

Der Faßbinder kann nicht begreifen, wie ich nachtblind sein kann. Schließlich habe ich auf diesem langen Kai mit geradezu untrüglicher Sicherheit genau sein Nachtlager erwischt!

Was sieht ein Blinder? Welche Bilder hat ein Blinder im Kopf? Ich selber denke und erfasse Zusammenhänge oft schneller in Bildern als in Worten. Zuerst habe ich das Bild und das dazugehörige Gefühl, erst dann das Wort. Aber wenn es kein Bild gibt, das sich Augen, Sehnerven und Gehirn erarbeitet haben, wie erfaßt man dann ein Bild? Gibt es dann überhaupt Bilder? Ich kann mir kaum vorstellen, wie ich ohne Bilder leben soll. Das wird trostlos sein, fast an der Grenze des Unerträglichen.

Zum Glück habe ich schon viel gesehen. Auf Flugreisen denke ich manchmal, daß es nicht soviel ausmachen würde, wenn das Flugzeug in der Luft explodieren würde und es mich nicht länger gäbe. Ich habe doch viel erreicht.

Ich frage mich auch, wie sich meine Schriftsprache entwickeln wird, wenn ich nichts mehr sehen und meine Eindrücke zu Texten umformen kann. Man sagt, daß ich sehr viel über Gerüche und Gefühle schreibe und wenig darüber, wie etwas aussieht, aber das ist wohl eine Frage der Anpassung. Ich schreibe, ohne viel über das nachzudenken, was ich wahrnehme. Ein bißchen seltsam wird das wohl schon sein, wenn ich in fünfzehn Jahren etwas intensiv beschreibe, was gar nicht mehr so aussieht, sondern früher so ausgesehen hat. Alles verändert sich ja so schnell.

Da ich inzwischen sehr langsam lese und mir das Lesen schwerfällt, höre ich begierig Lesungen und Berichte im Radio. Heute nacht habe ich gehört, wie Max von Sydow »Herz der Finsternis« von Conrad las, und die Bilder wirkten wie Fieberträume am Rande unserer Zivilisation. Wie richtig beschrieben! So voller Bilder, und dann diese plötzlichen Brüche im Text! Mein Bett wurde zu diesem Blechkanister, unterwegs zum Herzen der Finsternis, und die Schlingpflanzen hingen wie fleischfressender Schaum über die Flußufer.

Als die Kassette zu Ende war und ich die Kopfhörer abnahm, hörte ich nicht mehr die Rufe der Eingeborenen aus dem unbekannten Dschungel, sondern nur den ruhigen Atem meiner Frau. Aber die Bilder waren noch da, wie eine Brücke zu meinen Träumen und meiner eigenen Finsternis.

Als Wort- und Bilderschlucker ist mein Verlangen nach Texten und Bildern unersättlich, und ich bedauere es, daß ich nicht mehr auf der Toilette sitzen und die bunte Reklame lesen kann. Sicher, es gibt auch im Radio Werbung, aber da wird man von drängenden, schmeichelnden Stimmen überfallen. Es stellt sich nicht dasselbe Gefühl von Freiheit ein, das entsteht, wenn man sich auf eigene Faust durch einen richtig bescheuerten Werbeprospekt hindurchkichert.

Bilder, Bilder: Als wir in unserem Haus in Hälsingland eingetroffen sind, fragt meine Frau, während ich Feuer mache und sie die Taschen auspackt, wohin sie meine Kamera legen soll. Da bricht alles zusammen. Das ist wie ein Schlag in die Magengrube, und ich mache mich in einem anderen Zimmer zu schaffen, um dort im Dunkeln zu stehen und weinen zu können. Ich kann doch nicht mehr fotografieren, zum Teufel!

»Wo hast du denn gesteckt?«

»Ich habe das Beil aus der Scheune geholt.«

»Ich habe deine Kamera in dein Arbeitszimmer gelegt.«

»Gut.«

Ich will nichts erklären. Sie hat es nicht böse gemeint, und es ist wirklich noch nicht lange her, daß ich fotografieren konnte. Es tut gut, das zu vergessen, aber weh, sich daran zu erinnern. Wie soll ich etwas erklären können, das ich selber nicht verstehe? Ich kann das oft nicht, so daß ich das Gefühl habe, aus allen Fugen zu geraten.

Die Kinder verstehen und verstehen auch wieder nicht. Früher war ich ein lieber Papa, jetzt werde ich immer mürrischer. Ich versuche zu hören, wo die Kleine, ein außerordentlich lebhaftes Baby, gerade ist, aber es kommt doch vor, daß ich sie umwerfe, wenn wir zusammenstoßen. Sie weint, und ich fühle mich elend, hebe sie auf und tröste sie. Vielleicht lernt sie, mir auszuweichen, aber die Vorstellung, daß sie mich für völlig unzuverlässig halten könnte, macht mich wahnsinnig.

Am Rande höre ich, wie ihr fünfjähriger Bruder irgend etwas mit ihr anstellt, so daß sie hinfällt und schreit, und ich schreie auch und sage, er soll seine kleine Schwester gefälligst in Ruhe lassen. Ich habe nicht gesehen, was passiert ist, und vielleicht bin ich ungerecht, weil er ihr gar nichts tun wollte. Ich nehme das bloß an, weil er ihr in seiner unvernünftigen Eifersucht oft heimlich wirklich eine versetzt.

Wie soll er verstehen, daß ich mindestens ebensosehr schreie, weil ich wütend bin, daß ich nichts sehe?

Manchmal weckt das Gefühl, nicht genau zu wissen, wo die Kinder sind und was sie tun, in mir dasselbe Unbehagen wie damals, als ich Schafe hatte: Eine blinde Wut packte mich, wenn die Schafe im dunklen Winter im Stall blökten. Es war ein anklagendes und zugleich hungriges und unersättliches Geblöke, und in bestimmten Momenten überkam mich die Lust, in den Stall zu gehen und sie allesamt mit einer MP umzunieten.
Ich erschieße keine Schafe, und ich liebe meine Kinder, aber es gibt so etwas wie ein blindes schwarzes Gespenst, das gleichsam aus mir herausbricht und um sich schlägt. Alle möglichen Psychologiebücher und zahllose Beispiele aus der Geschichte beweisen, daß unsichere und frustrierte Menschen die wahnwitzigsten Handlungen begehen können. Das kenne ich, und wenn ich einschlafen soll, denke ich oft darüber nach und versuche, alles zu klären und zusammenzufügen und zur Ruhe zu kommen. Im nachhinein ist mir die Situation unangenehm deutlich, aber in dem Augenblick selbst bin ich blockiert, und in mir herrscht nur kleinliche und im

wahrsten Sinne des Wortes blinde Wut. Das ist wohl das Schlimmste: Daß ich meine Wut nicht kontrollieren kann. Sie türmt sich auf wie eine schwarze Welle, eine Welle, die sich auf einem ganz anderen Planeten befindet und nicht von einem mit liebevoller Kreativität stammt. Es ist gut, Gefühle zu zeigen, auch seine schlechten Seiten, aber was mache ich, wenn ich den festen Boden unter den Füßen verliere, das ist nicht gut. Das ist nur destruktiv, und es erfordert eine starke Familie, um ein Monster beherbergen zu können.

Ich versinke im Schwarzen und spüre, daß ich ein Opfer von Kräften bin, die so finster sind, daß ich dagegen machtlos bin. Ich will so viel, nicht zuletzt will ich ein guter Vater sein, aber es gibt einfach eine Grenze für mich, und deshalb muß ich versuchen, diese Grenze auszutricksen.

Die beiden größeren Kinder sind »tüchtig« und helfen mir. Sie wissen genau, was ich sehe und was nicht, aber mein zehnjähriger Sohn weint sich manchmal in den Schlaf. Die

vierzehnjährige Tochter ist geduldig und fast mütterlich und nimmt mich manchmal, wenn wir zusammen durch die Dunkelheit gehen, ganz fest an die Hand.
Mein jüngerer Sohn ist kein so zuverlässiger Begleiter. Er kann mich geradewegs gegen eine Laterne laufen lassen, wenn er auf der anderen Straßenseite eine Frau mit einem lustigen Hund sieht.
»Du mußt Papa helfen, der sieht doch so schlecht.«
Wir haben alle unseren Kummer zu schleppen, einen schwarzen Müllsack mit unbekanntem Inhalt.

Blinde sind so widerlich. Sie kriechen herum wie weiße Würmer unter einem Brett, das lange auf dem Rasen gelegen hat, wenn sie in Gruppen auftreten und eine freundliche Miene aufgesetzt haben. Es ist genauso wie mit älteren Menschen, die nicht mehr gut hören und die, wenn sie angesprochen werden, nur die Lippen sehen, die sich bewegen, ohne daß sie die Worte verstehen können: Sie neigen den Kopf ein bißchen zur Seite, lächeln zart und nicken unmerklich, der Kopf zittert fast durch diese winzigen Bewegungen, und ihr Gesichtsausdruck soll dem Sprechenden zu verstehen geben, daß sie alles gehört haben und es für bedenkenswert halten. Sie wollen nicht unhöflich sein, aber sie wollen und können nicht sagen, daß sie nicht gut hören.

Sie haben Angst davor, alt zu werden und nicht mehr richtig zu funktionieren, und wer hat das nicht? Und wer ist nicht kokett?

»Du gehst so witzig«, heißt es. »Du scheinst durchs Dasein zu tappen und zu stolpern.«

Das soll charmant und fast schon wie eine ausgeklügelte Eigenheit klingen. Ich bin schon immer wie eine Ente gegangen, auch als ich noch nicht so erbärmlich schlecht gesehen habe wie jetzt, aber nun finde ich meinen Gang immer greisenhafter. Ich kann einfach nicht schwungvoll einherstolzieren, und ich weiß auch warum, aber es gefällt mir nicht. Ich will nicht gekünstelt wirken, nicht so.

Der Mann aus der Wohnung unter uns kommt schweißnaß vom Joggen zurück. Er steht keuchend im Treppenhaus und will gleich unter die Dusche. Ich mache ihm ein Kompliment, und er sagt nicht, daß ich auch laufen soll, weil er weiß, daß ich das nicht kann, ohne gegen Bäume und Schilder zu rennen. Aber ich spüre, daß ich etwas für meinen Körper tun müßte, um fit zu bleiben. Ich will kein kriechender weißer Wurm oder ein pathetisch watschelnder und vorzeitig gealterter Greis werden.

Durchtrainierte Behinderte sind eine Sache für sich. Dank ihrer Unverfrorenheit heimsen sie viel Lob ein, besonders innerhalb des Sport- und Freizeitbetriebes. Mehr Behin-

dertensport im Fernsehen! Behinderte sind einfach toll, ja, vielleicht sogar noch toller als andere, auch wenn man das nicht zugibt, denn Behinderte sind *genau* wie andere. Nur ein klitzekleines bißchen lahmer, blinder und tauber. Behinderte können alles werden: Kampfflieger oder Pastoren – aber warum sollten sie? Warum sollte überhaupt irgend jemand Kampfflieger oder Pastor werden? Krieg ist eine Katastrophe, und Gott braucht keine Beamten. Ich gönne wirklich allen, das zu werden, was sie wollen, aber kippt nicht die Lust von Behinderten, so zu sein wie andere, ins Groteske um?
Gleichzeitig kann die unbezwingbare Lust der Behinderten, ihre Grenzen zu erweitern, auf die Schlaffis, deren Sinne zwar in Ordnung sind, aber nicht genutzt werden, als Anregung und Tritt in den Hintern wirken.

Es muß uns geben dürfen. Es muß Behinderte geben dürfen, und es wird sie geben, wenn die Gesellschaft nicht einen effektiveren Unternehmergeist entwickelt, der alles, was nicht lohnend oder funktionstüchtig ist, durch eine neonazistische Genwaschanlage entfernt. Sollen Embryos mit genetisch vererbbaren Defekten überhaupt noch geboren werden? Das wird doch viel zu teuer. Wäre es nicht besser, all das Geld, das Behinderte die Gesellschaft kosten, für Autobahnen, Kampfflugzeuge und Freizeitparks auszugeben, wo die Menschen, die ihre Pflicht tun und Steuern bezahlen, durchatmen und sich amüsieren können?

Bei einem Essen, zu dem ich eingeladen worden war, kamen wir darauf zu sprechen, inwieweit Embryonaldiagnostik gut oder schlecht sei. Ich fragte, ob dann, wenn man bei einer Vorsorgeuntersuchung meinen fehlerhaften und krankheitserzeugenden Gencode finden würde, dieser Embryo abgetrieben werden sollte?

Wir waren freie und zivilisierte Menschen, die gut gegessen und dazu ein wenig Wein getrunken hatten. Wir waren in sorgloser und diskussionsfreudiger Stimmung.

»Ich finde schon«, sagte ein Mann mit zutiefst aufrichtiger und vertrauensvoller

Stimme. Er wolle nicht heucheln, sondern einfach offen seine Meinung sagen. Wenn mein Leben ungelebt geblieben wäre, hätte mich das ja nicht gekümmert. So weit. So gut.

Mein Magen krampfte sich zusammen, und alles fing an, sich zu drehen. Absolut leer und wirr im Kopf klammerte ich mich an die Tischkante.

Er wollte mich also abtreiben lassen. Ich war einfach ein unnötiger Mensch, ein genetisches Versehen.

Es ist ein Vergnügen, auf einem großen Bild mit Häusern, Menschen und Verkehr urplötzlich einen Blick aufzufangen. Der Wind, der gerade in diesem Moment eine braune Haarsträhne losläßt und ein Augenpaar freigibt. Diese Augen sind ein Telegramm an mein Innerstes, und meine Augen telegrafieren zurück. Das ganze Bild scheint für einige Millionenstelsekunden stillzustehen, ehe es wieder in Bewegung gerät und alles so weiterläuft wie zuvor. Aber den Blick gibt es immer noch, und vielleicht entsteht daraus etwas. Es gibt Möglichkeiten, überraschende Augenblicke: Das Schicksal, das mich im Nacken packt und mich in eine unerwartete Richtung wirft – alles nur wegen eines kurzen Blicks.

Kann man ohne Blicke leben? Wie flirtet ein blinder Mensch? Dann sind es die Stimme und ihre Ausstrahlung, die die kleinen Signale weiterleiten können, wodurch langsam ein tieferer Kontakt entstehen würde. Auch der Duft eines anderen kann ein Weg sein. Aber in bestimmten Situationen können sogar sehr sympathische Menschen schweißnasse

Hände und Mundgeruch haben. Eines steht jedenfalls fest: Eine solche Äußerlichkeit wie das Aussehen bedeutet sehr wenig, wenn Blinde zusammentreffen. Sie brauchen keine Schminke, sondern Hautkontakt, und die Berührungen zwischen Körpern sind immer gleich magisch, ob man sehen kann oder nicht.

Wer wünscht sich Sicherheit? Ich nicht. Es ist das Unvorhergesehene, das interessant ist. Dennoch gehe ich gern Wege, auf denen ich jeden Stein und jede Biegung kenne und die ich bei so unterschiedlichem Wetter gegangen bin, daß die Sträucher, die Wände der Scheune und die Grashalme meine guten Freunde geworden sind. Der Bach, der lustig unter der Brücke plätschert, ehe das Frühjahrshochwasser einsetzt, wenn dann der Boden sumpfig wird und alles verfault riecht. Plötzlich wird der Geruch rein, und das Grün stemmt sich durch das braune Laub und schießt üppig schwankend empor. Der Herbst, wenn der Weg gefriert und das Eis auf den abends gefrorenen Pfützen plötzlich zu knacken beginnt und der Bach sich unter Schnee und Eis verschließt und verstummt.

Es gibt Wege, auf denen ich jeden Schritt und jeden Atemzug kenne. Sie sind wie ein offenes vertrautes Zuhause. Die Scheune bestätigt meine Anwesenheit, indem die von der Sonne verwitterten Bretter das Geräusch meiner Schritte zurückwerfen. Die

Wand begrüßt mich und bestätigt, daß ich sowohl hier wie dort bin. Wir mögen uns, und der Wand ist es egal, daß ich nicht viel sehe.
»Sieh mal, die Birken am Feldrand sind lila!«
»Das sehe ich nicht, aber ich merke es am Duft.«

Es gibt Menschen, die beleidigt sind, wenn man ihre Eindrücke nicht teilen kann. Das sind schwierige Augenblicke.
»Sieh doch nur, wie deutlich heute nacht der Gürtel des Orion zu sehen ist!«
Wir machen einen Spaziergang und bleiben stehen, und ich versuche, die Sterne zu erkennen, die ich einst so klar gesehen habe. Das Bild ist in meiner Erinnerung noch da, aber sosehr ich mir auch Mühe gebe, am schwarzen Himmel zu lesen, die Sterne wollen nicht zum Vorschein kommen. Sie sind verschwunden. Meine Muskeln spannen sich an, und das Stillstehen fällt mir schwer, denn Beine müssen locker und federnd sein, um den Körper im Gleichgewicht zu halten. Jetzt könnte ich natürlich lügen und behaupten, die Sterne klar zu sehen, um mit dem ande-

ren seine Beobachtung zu teilen und um weitergehen und die Spannung aus meinem Körper entlassen zu können. Aber ich beschließe, die Wahrheit zu sagen:

»Nein, ich sehe die Sterne nicht.«

»Ja, dann schau doch genauer hin!«

»Das geht nicht.«

»Hm.«

Wir gehen weiter, und ich bereue, nicht gelogen zu haben. Was spielt es für eine Rolle, daß ich den Gürtel des Orion nicht gesehen habe? Es gibt ihn ja am Himmelsgewölbe, ob ich ihn nun sehe oder nicht, und das reicht. Außerdem komme ich mit diesem anklagenden Tonfall nicht zurecht. Oder führt mein eigener Unwille dazu, daß ich den anderen unterstelle, mürrisch zu sein?

Stanley und ich sind nachts viel spazierengegangen. Nachdem wir geredet und auch Wein getrunken hatten, beschlossen wir den Abend oft mit einem Spaziergang. Stanley hatte es nicht eilig, und wir konnten minutenlang dastehen und uns in den Mond vertiefen, der über den gezackten Waldrand lugte, oder in ein geheimnisvolles Rascheln im Gebüsch. Ich bekam niemals Bauchschmerzen wegen der stillschweigenden Aufforderung, ich müsse genau dasselbe sehen wie er. Stanley war davon überzeugt, daß auch ich etwas erlebte. Nicht dasselbe wie er, aber gemeinsam erlebten wir etwas auf dem Spaziergang, jeder auf seine Weise. Das gab uns ein intensives Gefühl der Zusammengehörigkeit.

Schade, daß wir jetzt so weit voneinander entfernt wohnen und nachts nicht mehr zusammen spazierengehen können. Er wohnt auf dem Land und ich in der Stadt.

Wir haben uns im Sommer getroffen und zusammen ein Open-Air-Rockkonzert in Stockholm besucht. Es gibt alte Freunde, die ihre Schwierigkeiten damit haben, daß ich eine öffentliche Person geworden und gleichzeitig stark sehbehindert bin. Das ist zuviel für sie.

Bei Stanley ist das anders. Es war schön, in der Nacht nach dem Konzert mit ihm durch die Innenstadt zu gehen. Ich spürte seinen Körper neben mir, und ab und zu faßte ich ihn an, aber meist schlenderten wir genauso sorglos umher wie früher. Ich finde mich in der Stadt zurecht, aber er sieht besser und kann beschreiben, wie es um uns herum aussieht; zwei Hippies in mittlerem Alter auf demselben ziellosen Spaziergang wie früher.

Einmal habe ich in einem alten Haus ohne Strom und fließend Wasser gewohnt. Das Haus lag am Ende einer kleinen Stichstraße auf einem Hügel, der sich über einen weiten dichten Kranz aus Wäldern erhob. Dort wollten wir eine Wohngemeinschaft gründen, aber dann ging alles schief: Der, der seine Schafe dorthin gebracht hatte, verunglückte mit seinem Motorrad, und die, in die ich verliebt war, verließ mich. Plötzlich war ich allein in diesem Haus.

Die Dämmerung senkt sich wie ein frühlingsleichter Flor über den Wald. Ich sitze am Küchentisch, trinke Kaffee und stehe ab und zu auf, um ein Holzscheit ins Feuer zu legen. Das Feuer knistert. Ein Fuchs keckert irgendwo im Wald, und die Schafe im Stall antworten mit hungrigem Geblöke. Auf dem

Herd steht ein Topf mit roten Johannisbeeren, die vor sich hin kochen, und ich habe einen Stuhl umgedreht und ein Baumwollhandtuch um die Stuhlbeine geknotet, damit der Saft in eine darunterstehende Porzellanschüssel tropfen kann.

Auf der Anrichte steht ein Eimer mit Wasser, das ich aus dem Bach geholt habe, und in der Kiste ist genügend Holz.

Tagsüber sorge ich dafür, daß alles vorhanden ist, damit ich dann in der Dunkelheit meine kleine sichere Höhle habe. Drei Kerzen brennen in einem Leuchter aus Ton auf dem Küchentisch. Das Feuer im Kamin und die Kerzen auf dem Tisch reden miteinander. Ich bin still und ruhig, denn ich weiß, daß alles da ist. Es duftet nach Kaffee, roten Johannisbeeren, Holzfeuer und Pfeifentabak.

Plötzlich höre ich im feuchten hochgewachsenen Gras draußen schlurfende Schritte. Es sind zwei Männer, und ich erkenne ihre Stimmen. Sie klingen betrunken, wütend und verwirrt.

Der eine Mann war mit der Frau verlobt, die

ich liebe und die mich jetzt verlassen hat, und ich bin der Grund, weshalb sie nicht mehr verlobt sind. Das glaubt zumindest der ehemalige Verlobte.

»Ich werde ihn erschießen«, lallt er draußen in der Dunkelheit.

»Weißt du, wo das Gewehr ist?« fragt die zweite Stimme.

Sie gehört einem Patienten aus der psychiatrischen Klinik in der Stadt, die einige Dutzend Kilometer westlich liegt.

Ich blase die Kerzen aus, schiebe den Johannisbeertopf vom Herd und verschwinde mit klopfendem Herzen in der Dunkelheit. Es gibt im Haus eine Schrotflinte und auch Munition. Nach kurzem Überlegen beschließe ich, lieber die Munition zu suchen als das Gewehr. Beides zu suchen kann zu lange dauern. Die Küchentür wird aufgerissen, und die beiden stolpern ins Haus. Ich bin in einem anderen Zimmer. Leise stopfe ich die schweren Patronen in eine Wollsocke. Die Typen grunzen und suchen in der Dunkelheit herum. Bald haben sie in der Garderobe hinter der Küche das Gewehr gefunden. Ein Stuhl

kippt um. Mein Herz scheint meine Brust sprengen zu wollen.
Übellaunige Stimmen faseln von Patronen und wo die wohl stecken können. Ich gerate in Panik, so wie ich hier mit der vollgestopften schweren Wollsocke im Dunkeln stehe. Die Hähne der Schrotflinte schnappen wie die zuckenden Lefzen blutrünstiger Hunde.
Die Typen waren noch nie in diesem Haus, ich aber wohl, und noch im Dunkeln kenne ich jeden Winkel.
Schließlich geben sie auf, schlurfen durch das Gras und über den Fußweg davon. Ihre Schritte werden immer leiser und endlich von der Nacht verschluckt. Diese Nacht kommt mir vor wie eine Wunde, die nicht heilen will. Ich kann erst einschlafen, als die Morgenröte über den Hügel steigt, kalte Tauperlen ins Gras streut und ein zitterndes Licht durch das Fenster schickt, das die vergilbten und von Feuchtigkeit mürbe gewordenen Tapeten aus den Schatten hervortreten läßt.

An einem späten Herbstabend gehe ich in absoluter Finsternis den Fußweg entlang. Ich kenne mich auf diesem Weg aus, kenne alle Signale und Geräusche. Die ganze Zeit über spüre ich mit den Füßen genau die Grenze zwischen dem Kies auf dem Weg und dem Gras zu beiden Seiten. Die Abendbrise fährt mit einem geheimnisvollen Flüstern durch das Haferfeld des Bauern. Ich bin ein bißchen beschwipst und mache einen falschen Schritt. Plötzlich bin ich vom Weg abgekommen und stiefele geradewegs ins Haferfeld. Ich weiß nicht mehr, wo ich bin. Ich muß den Kiesweg und den Hang unterhalb des Hauses finden. Methodisch gehe ich zehn Schritte in die eine Richtung, finde aber keinen Weg. Dann gehe ich zwanzig Schritte in die Gegenrichtung, finde aber auch dort keinen Weg, deshalb gehe ich zehn Schritte zur Seite und danach zwanzig in die andere Richtung. Ich laufe und laufe und habe mich in dem Haferfeld total verirrt. Überall steht der Hafer gleich hoch und ist das Feld gleich platt. Nirgendwo entdecke ich einen Anhaltspunkt dafür, wo ich bin. Das Rauschen des Getreides im Wind hat die Stimme des Baches verschluckt, und sosehr ich mich auch bemühe, sie zu hören, das Rauschen ist lauter. Nur der Bach hätte mein Leuchtturm sein können, denn nirgendwo gibt es ein Haus mit einem erleuchteten Fenster, und Wolken verdecken den Mond.

Nach langem Umherirren finde ich den Weg und fange vor Erleichterung an zu weinen. Langsam gehe ich auf das Haus zu, bis ins Mark durchgefroren. Mir ist, als hätte ich die Grenze zum Großen Schwarzen überschritten.

Der Bauer hat sich am nächsten Morgen sicher über sein Feld gewundert: Es ist äußerst methodisch, fast wissenschaftlich, niedergetrampelt worden. Das tun keine Elche, aber Menschen, die vollständig nachtblind sind und plötzlich ihre Orientierungspunkte verloren haben.

Das war ein paar Jahre vor meiner Diagnose, als meine Nachtblindheit nur eine kleine Eigenheit war, Quelle verschiedener schwieriger Situationen, aber auch fesselnder Ge-

schichten. Es war, als ob ich blind spielte, ohne es wirklich zu sein.
Ein junger Arzt in meinem Bekanntenkreis hatte in einer Ärztezeitschrift etwas gelesen, das er auf meine Nachtblindheit bezog. Eines Abends besuchte ich ihn in seiner Praxis in Jokkmokk. Mein Besuch fand außerhalb der Sprechzeit statt, und die Praxis war an sich geschlossen. Er war wirklich neugierig und hatte einiges an Fachliteratur über Augen zusammengesucht. Ich mußte mich hinlegen, und er träufelte mir ein pupillenerweiterndes Mittel in die Augen. Nach einer Weile leuchtete er dann in das eine Auge und sah sich durch ein Vergrößerungsglas den Augenhintergund an. Nachdenklich fuhr er sich mit der Zunge über die Lippen und blätterte ab und zu in den Büchern. Etwas stimmte nicht. Keines der Bilder in den Büchern glich dem, das er tief hinten in meinen Augen fand.
»Es sieht aus wie eine fremde Landschaft«, murmelte er wie zu sich selbst, »schön, aber erschreckend.«
Er setzte sich gerade hin und sah äußerst vernünftig und besonnen aus.

»Ja, also, ich meine nicht erschreckend im Sinn von gefährlich, sondern im Sinn von spannend.«

Ich fand, das höre sich interessant an. Hatte ich einen so faszinierenden Augenhintergrund? Er stellte mir eine Überweisung für eine Spezialistin in Gällivare aus, die einen Gesichtsfeldtest machte, sich meinen Augenhintergrund ansah und mich mit einer neuen Überweisung in die Spezialklinik in Linköping schickte.

Seither habe ich meine Diagnose. Retinitis pigmentosa – das klingt richtig spannend und nicht so brutal wie Krebs. Erst als mich meine damalige Frau abends nicht mehr hierhin und dorthin fahren wollte, wurde mir klar, daß ich tatsächlich eine waschechte Krankheit habe. Eine Krankheit, die niemand heilen kann und die früher oder später unweigerlich zur Blindheit führt. Es gibt Kinder mit dieser Diagnose, die vollständig blind sind, und es gibt Rentner, die noch einen kleinen Sehrest übrig haben, ein Guckloch ins Dasein, aber eben auch ein Loch, durch das sie zwar die Zeitung lesen, mit

dem sie sich aber kaum in einer großen lauten Stadt orientieren können.
Ich war dreißig Jahre alt und fuhr im Hellen noch immer Auto. Aber manchmal schätzte ich die Entfernung und die Zeit, die ich brauchen würde, um nach Hause zu kommen, falsch ein. Dann mußte ich ein Telefon suchen und um Hilfe bitten. Ich brauchte immer zwei Menschen, einen, der das Hilfsauto fuhr, und einen, der mich mit meinem Auto nach Hause brachte. Es ist ein unschönes Gefühl, plötzlich dermaßen abhängig zu sein von anderen.

»Du solltest dich an den Fahrdienst für Behinderte wenden«, stellte meine Frau sachlich fest. Wer sollte auf die schlafenden Kinder aufpassen, wenn sie mich abends immer kutschieren mußte, weil ich irgendwohin wollte?
Konnte ich, ein dreißigjähriger Mann, quicklebendig, der nur im Dunkeln ein bißchen schlecht sieht, wirklich einen Fahrdienst in Anspruch nehmen?
Nach längerem inneren Widerstand sah ich

ein, daß es nicht die Lebensaufgabe meiner Frau war, mich umherzufahren. Die Verantwortung für mein Leben trage ich allein.
Ich bekam ein ärztliches Attest vom Krankenhaus in Linköping, und der Fahrdienst wurde mir sofort bewilligt.
Anfangs nahm ich ihn sowenig wie möglich in Anspruch, und wenn ich es doch tat, mußte ich wegen irgendwelcher Schuldgefühle jedem Taxifahrer meine Lebensgeschichte erzählen. Man konnte mir ja nicht ansehen, daß ich krank war, und vielleicht hielt man mich für einen dieser Parasiten, die der Gesellschaft auf der Tasche liegen. Wer kennt nicht die Geschichten über arbeitsfähige Leute, die sich vom Fahrdienst zum Schnapskaufen fahren lassen?

Eines Abends lasse ich mich vom Fahrdienst zu einem Fest in einem nahegelegenen Ort bringen. Als ich nach Hause will und rausgehe, um auf das Taxi zu warten, begleitet mich eine Frau zur Tür. Sie macht große Augen, als sie das Taxi sieht.

»Was für ein Luxusleben«, seufzt sie vielsagend.
»Ich fahre mit dem Fahrdienst«, sage ich verdrießlich.
»Warum?«
»Ich habe eine Augenkrankheit. Sie heißt Retinitis pigmentosa.«
»Noch nie gehört!«
Sie arbeitet als Krankenschwester in einer Augenklinik. Es ist nicht sehr angenehm, wie sie klar und deutlich zu verstehen gibt, daß ich auf Kosten der Allgemeinheit durch die Gegend kutschiert würde.
Ich sitze im Taxi und schlucke meine Tränen hinunter. Sie ist auf mir herumgetrampelt. Aus Unkenntnis und Verachtung ist sie auf mir herumgetrampelt.

Ich mußte versprechen, nie mit den Kindern im Auto zu fahren, nicht einmal tagsüber. Aber ich fuhr weiter, solange es hell war. Dann sah ich doch fast so gut wie jeder andere!
Zum letztenmal bin ich im Jahre 1988 Auto gefahren. Ich hatte gerade meine jetzige

Frau kennengelernt, und wir fuhren nach Gotland und mieteten bei ein paar zwielichtigen Gestalten unten am Hafen ein Auto. »Rent a wreck« hieß ihre Firma. Das Auto war wirklich ein Schrotthaufen: Es stank nach verbranntem Plastik, und der Rückspiegel fiel ab und zu herunter, aber das Auto war billig und fuhr. Es brachte uns auf die Landstraßen, weg vom geschäftigen Visby und hin zu den offenen Wiesen, den Blumen und den kleinen Kirchen. Über allem strahlte Gotlands unvergleichliches Licht. Es war wunderschön, und wir liebten uns und waren tolerant zueinander. Schließlich fragte meine Frau vorsichtig und gar nicht anklagend oder gemein:

»Hier fährt man doch wohl auf der rechten Seite, oder?«

»Mm.«

»Aber warum fährst du dann manchmal links?«

Und da nicht nur sie, sondern auch ich frisch verliebt und tolerant war, schrie ich nicht wütend: »Ich fahr verdammt noch mal auf der Seite, auf der ich fahren will!«

Ich sah einfach nur ein, gerade dort, vor diesem betörend schönen Bild eines gotländischen Sommers, daß es für mich an der Zeit war, mit dem Autofahren aufzuhören.

Ich muß einsehen, daß ich krank bin, weigere mich aber gleichzeitig, nur eine Krankheit mit menschlichem Anhängsel zu werden. Es gibt Menschen, die gleichsam durch ihre Krankheiten leben. Ich denke nicht an die, die Krebs haben und wissen, daß sie bald sterben werden, sondern an die, die sich im Morast ihrer Krankheit suhlen. »Ich bin krank – also bin ich! Mein Leben hat einen Sinn, denn ich bin krank.«

Mit halbem Ohr belausche ich im Zug ein Gespräch zwischen einer jüngeren und einer älteren Frau. Sie haben gerade erst angefangen, sich zu unterhalten, und nun erzählen sie sich, wer sie sind und was sie tun. Die Jüngere erzählt von den Schulen, an denen sie sich beworben hat, und was sie gern werden möchte. Die Ältere redet nur über ihren Körper und die Streiche, die er ihr in Form von Krankheiten spielt. Sie suhlt sich nicht gerade in ihrer Krankengeschichte, aber indem sie detailliert darüber berichtet, läßt sie erkennen, wie wichtig sie ihr ist.

Irgend jemand hat gesagt, daß es – einfach ausgedrückt – Plus- und Minusmenschen gibt. Die Plusmenschen meinen, daß dies und jenes möglich ist, *obwohl* alles so ist, wie es ist, die Minusmenschen dagegen halten dies *gerade deshalb* für hoffnungslos.

Seitdem ich meine Diagnose kannte und langsam anfing zu begreifen, was ausgerechnet mir passierte, suchte ich nach Heilmethoden. Es wurde mir schnell klar, daß die Schulmedizin in diesem Punkt keine große Hilfe war. Man kann leicht einen weißen Stock und technische Hilfsmittel bekommen, aber es gibt weder Medikamente noch Operationen, die irgend etwas bewirken.
Ich hörte von Heilern, die per Telefon heilen können, von weisen Frauen, die Krankheiten besprechen und Nägel in alle Himmelsrichtungen werfen, und von anderen, die meinen, alles hinge von einer guten Darmfunktion ab. Gewisse Leute mit New-Age-Theorien im Gepäck erklärten, es gehe um Karma und Astralleib, und mein Krankheitszustand sei eine Schlacht, die in einer anderen Galaxis ausgefochten werde, nur: in welcher?

Ein Kollege zeigt mir einen Zeitungsartikel, der von einer Frau aus den USA mit derselben Diagnose wie meiner handelt. Sie hat eine oder mehrere Heilmethoden entdeckt,

und nun ist sie auf dem Weg nach Schweden, um einen Kurs für Menschen mit dieser Krankheit zu geben.
Ich nehme sofort Kontakt zu den Veranstaltern auf und erfahre, daß der Kurs fünf Tage dauert und zehntausend Kronen kostet. Das ist viel Geld, aber die Gesundheit ist ja wohl mehr wert als alles andere?
Der Kurs findet im Bürgerzentrum im Valhallaväg in Stockholm statt. Wir sind an die zehn Teilnehmer. Mehrere sind völlig blind, andere besitzen noch ein geringes Sehvermögen. Ich sehe am besten. Die Amerikanerin, Grace Halloran, ist groß und dick und von amerikanischer Munterkeit. Sie besucht Schweden zusammen mit ihrem fünfzehnjährigen Sohn, und sie hält »positive thinking« für die halbe Arbeit. Positiv denken, übersetzen ihre beiden schwedischen Assistentinnen. Sie sind Krankenschwestern mit komplizierten Doppelnamen und halten sich für eine Art Guerillabewegung neben dem großen unbeweglichen Pflegeapparat, der nichts bewirkt.
Wir müssen uns hinsetzen und unsere Köpfe

in einen blitzenden Kasten stecken oder auf einer Pritsche liegen, während der Sohn der Frau einen Bananenstecker, von dem aus ein Kabel in einen geheimnisvollen schwarzen Kasten führt, über unsere Körper gleiten läßt. Ab und zu surrt es in dem Kasten, und der Sohn glaubt dann, daß genau an dieser Stelle im Körper sich unheimliche Spannungen eingenistet haben. Seine Mutter wird diese gleich durch Entspannungsübungen beheben.

Die Frau fasziniert mich, aber gleichzeitig bin ich peinlich berührt, weil sie nicht mehr zu bieten hat. Es ist unverantwortlich, daß Menschen, die nicht gerade in Geld schwimmen, für diesen wahnwitzigen Strohhalm zehntausend Kronen bezahlen sollen. Aber ich will gern an diese Methode glauben und gleichzeitig einen Bericht für den Rundfunk schreiben, in dem die Schulmedizin und ihr wichtigster Vertreter auf diesem Gebiet in unserem Land, Professor Ehinger aus Lund, aufs Korn genommen werden, während ich mich für Grace Halloran und den medizinischen Schirmherrn des Kurses in Schweden, einen Augenarzt namens Dr. Widakowich, einsetze. Dieser steht mit dem einen Bein in einer Mischung aus Schulmedizin und Anthroposophie und mit dem anderen im All. In seiner Praxis in Östermalm werden die Patienten meistens nach den Methoden der Schulmedizin behandelt, aber sein Herz schlägt für alternative Lösungen.

Etwas an ihm gefällt mir: Er ist nach allen Richtungen hin offen und nicht so engstirnig und kleinkariert wie die Vertreter der Schulmedizin sonst. Er ist vielleicht verrückt, aber Verrücktheit kann ja manchmal in Genialität umkippen. Dr. Widakowich läßt sich gedanklich auf alle Richtungen ein. Er kennt keine Grenzen und mißtraut der sturen Versessenheit der Schulmedizin allein auf Fakten und Befunde.

Ab und zu besuche ich ihn in seiner Praxis und bekomme kleine Schachteln mit homöopathischen Mitteln. Ab und zu führt seine Sprechstundenhilfe Sehfeldmessungen durch. Sie riecht, als ob sie nicht nur Knoblauch ißt, sondern aus Knoblauch besteht. Der Arzt selber geht hin und her und murmelt vor sich hin, und so etwas beeindruckt mich. Er erinnert mich mehr an einen Guru in zeremoniellem Gewand mit seinen grauen Haarwülsten rund um seine Glatze als an den typischen Arzt im weißen Kittel. Er gibt mir noch mehr homöopathische Mittel und empfiehlt Heileurythmie bei einem bekannten Therapeuten in Järna.

Wenn ich an das alles zurückdenke, braucht man keine besonderen psychologischen Kenntnisse, um zu verstehen, warum ich mich so verhalten habe. Da ich enttäuscht und wütend war, weil die Schulmedizin mir nicht helfen konnte, setzte ich auf die alternative Medizin, die schließlich behauptet, helfen zu können.

Eigentlich war das damals alles wie ein Spiel. Ein Spiel ohne Risiko – so ging ich an meine Krankheit heran und an die Forschungen darüber, ohne das alles wirklich ernst zu nehmen.

Inzwischen ist es längst nicht mehr lustig. Mein Sehfeld ist zusammengeschrumpft und so verschwommen, daß ich das Gefühl habe, durch zwei kleine rostige Teesiebe zu blikken. Aber ich kann noch immer den Brei aus dem Topf in die Nuckelflasche gießen, ohne viel zu verschütten.

Vor zwei Jahren habe ich zuletzt von Dr. Widakowich gehört. Er war bei uns in Hälsingland vorbeigekommen und hatte einen Zettel durch den Türspalt geschoben, da wir nicht zu Hause waren. (Zum Glück!)
Auf dem Zettel beschrieb er seine neueste Theorie. Er glaube, ein auf der Erde unbekanntes Material, das mit einem Meteor abgestürzt sei, könne phantastische Heilungsprozesse bei verschiedenen Krankheiten bringen. Meine Frau, die selber Ärztin ist und ein tiefes Mißtrauen gegen Homöopathen und alternative Methoden hegt, las mir den Zettel vor und gab der Information durch ihren ungläubigen Unterton eine zusätzliche festliche Würze.
Ich kochte Kaffee und saß stumm am Küchentisch. Meine Gedanken wanderten in die Zeit zurück, als ich Patient des Meteordoktors war.

Seine Sprechstundenhilfe rückt mich auf dem Hocker zurecht, stützt mein Kinn auf einen mit Filz bezogenen Kinnhalter und drückt mir eine Klingel in die Hand. Dann muß ich meinen Blick auf den Punkt in der Mitte einer Schale ähnlich einer Parabolantenne fixieren, worauf die Sprechstundenhilfe einen leuchtenden Punkt von der Peripherie des Schirms in die Mitte wandern läßt. Wenn ich den Punkt entdecke, klingele ich, und die Sprechstundenhilfe macht eine Notiz im Sehfelddiagramm und nimmt den Lichtpunkt wieder weg, um ihn dann aus einer völlig unerwarteten Richtung wieder auftauchen zu lassen. Manchmal vergesse ich mich und lasse meinen Blick wandern. Das sieht sie durch ein Guckloch im Schirm und schnaubt unzufrieden. Beschämt fixiere ich nun wieder den Mittelpunkt. Die Minuten wandern unendlich langsam dahin. Das Ganze wäre noch erträglich, wenn die Sprechstundenhilfe nicht derart heftig nach verrottetem Knoblauch riechen würde. Jeder ihrer Atemzüge läßt mich an eine an Land geschwemmte, aufgedunsene und mit Knoblauch bespickte Leiche denken. Später sieht sich der Arzt das Diagramm an und murmelt etwas Aufmunterndes. Er sagt, es sei ein besseres Ergebnis als beim letzten Test, und verschreibt mir noch mehr homöopathische Medikamente. Er zwinkert mir konspirativ zu, denn er und ich haben vor der traditionellen Medizin ein Geheimnis. Wir werden meine Probleme auf eine alternative Weise lösen, aber schließlich fühle ich mich kaum mehr als Partner bei dieser konspirativen Art der Behandlung. Ich merke ja selbst, daß ich immer schlechter sehe. Schöne Worte ohne Substanz verstimmen mich.

Langsam entglitt ich dem Patientenkreis dieses Arztes.

Eine Privatpraxis ist immer etwas Besonderes, fast schon Mondänes, zumal wenn der Arzt selber eine Spur übergeschnappt ist. Die Behandlung ist diskret und irgendwie kostbar, ein Geheimnis, das wir hüten und von dem wir nur unseren besten Freunden erzählen.

Ein großes Bezirkskrankenhaus dagegen ist etwas ganz anderes: Es gibt Drehtüren und Hinweisschilder, kranke und nichtkranke Schweden, ausländische Patienten und ausländisches Putzpersonal, das Eimer vor sich her schiebt und den Boden wischt, und es gibt alte Leute, die fürchten, daß gerade ihre Nummer zu schnell aufgerufen werden könnte.

Ich habe Probleme mit Drehtüren und muß anschließend warten, bis meine Augen sich an das gedämpfte Licht hier drinnen gewöhnt haben. Die Apotheke liegt links, die Kasse rechts. Die Frau an der Kasse ist eine Schwarze mit Augen, die unter Drogen zu stehen scheinen. Ihre Augenlider hängen auf Halbmast, wie bei einem Frosch, der Hasch genommen hat, und sie kann einfach nicht fassen, daß ich kein Bargeld bei mir habe. Als ich ihr anbiete, meinen Eigenanteil mit einem Scheck zu bezahlen, sieht sie nur noch müde aus, so als ob sie sich in Luft auflösen möchte. Sie ist die vollkommene personifizierte Trägheit, und sicher hat ein Personalchef sie auf diesen Posten gesetzt, der die Ausländerfeindlichkeit verstärken möchte. Schließlich gibt sie mir den Einzahlungsvordruck mit einem so gleichgültigen Blick, daß ich resigniert und beschämt ihren Tresen verlasse, um nach meinem speziellen Farbstreifen zu suchen.

Für uns Sehbehinderte hat man nämlich Farbstreifen an die Wände geklebt, und auch wer schlecht sieht, kann in diesem medizinischen Ameisenhaufen leicht seinen Weg finden. Die Fahrstühle haben Sprechapparate, die mit metallischen Stimmen Informationen mitteilen:

»Dritter Stock.«

Ich habe den Hut tief in die Stirn gezogen, ich will nämlich keine Bemerkungen nachgerufen bekommen wie:

»Ist das nicht der aus dem Fernsehen?«

Ich will meine Ruhe haben, und ich habe genug damit zu tun, Patient zu sein. Das gefällt mir übrigens an Krankenhäusern: Hier sind wir alle auf eine sehr schwedische Weise gleich. Es spielt keine Rolle, ob man Geld, Besitztümer oder gute Beziehungen hat. Wir Patienten sind eine große identitätslose Gruppe, die für kurze intensive Augenblicke den Menschen ausgeliefert sind, die im Krankenhaus arbeiten.
Als ich endlich auf der Station meiner Ärztin ankomme, hebt die Krankenschwester hinter dem Schalter die Augenbrauen besonders hoch. Sie hat mich also erkannt, macht aber kein Aufhebens, und ich setze mich auf einen Stuhl im Wartezimmer und blättere in einer Zeitschrift, obwohl ich nur die Überschriften lesen kann. Ich warte sehnsüchtig darauf, daß meine Ärztin die Tür öffnet und mich aufruft. Es ist nämlich eine Tortur, den weiten Weg von den Drehtüren, an der Kasse vorbei, den Farbstreifen entlang und unter den blechernen Stimmen im Fahrstuhl hindurch bis zu diesem kleinen, kleinen Platz in dem großen, großen Krankenhaus zurück-

zulegen, bis zu meinem Ziel, und es wäre ärgerlich, auf der Ziellinie zu stolpern.
Es ist erstaunlich, daß diese alten und müden Menschen wirklich ihren Weg hierher finden. Ich kann sprechen und habe keine Angst zu fragen. Es gehört zu meinem normalen Verhalten, daß ich frage und mich erkundige. Wie aber kommen diejenigen zurecht, die in ihr Schweigen eingeschlossen sind, nach Jahren der Einsamkeit in ihren Wohnungen, ohne ein anderes Geräusch um sich als einen lauten Fernseher und einen gurgelnden Kühlschrank?
Ich weiß, was ich will: Ich will meine Ärztin sehen und sie eine Weile für mich haben. Wir brauchen nicht viel zu reden, ich will nur ihre Nähe. Sie ist mein sicherer Pol, und ich assoziiere mit ihr Geranien. Warum, weiß ich nicht so recht.
Also soll sie jetzt gefälligst ihre Tür öffnen und meinen Namen rufen!

»Möchtest du einen Sehfeldtest machen lassen?« fragt sie leicht zögernd, wie nebenbei. Sie ahnt meine Antwort anscheinend schon.

Ich schüttele den Kopf. Warum? Um anhand von Zahlen und Tabellen belegt zu bekommen, daß mein Sehfeld seit dem letztenmal genau um soundsoviel geschrumpft ist, und um eine Quittung über den Verfall meiner Sehzellen zu erhalten? Ich will die Verschlechterung nicht messen lassen. Es reicht schon so.

Meine Augenärztin, der ich vertraue und die meine Lotsin im Meer des Krankenhausapparates ist, reagiert sachlich und unsentimental. Wir wissen beide, was die Uhr geschlagen hat. Ich kann mit meiner Krankheit nur umgehen, wenn ich mich der jeweils veränderten Situation anpasse. Ich bin auch schon zu ihr gekommen und wollte mich wie ein trauriges Kätzchen zusammenrollen und einfach nur weinen dürfen, aber etwas in ihrer Persönlichkeit sorgt dafür, daß ich zu einem Ausgangspunkt zurückkehre, der frei ist von unnötigen Ängsten. Es gibt Trauer und auch Angst, aber damit muß ich selber fertig werden. Meine Krankheit ist eine medizinische Tatsache, und wenn ich mich ihr nicht stelle und nicht versuche, sie zu verstehen, statt wie ein Verrückter im falschen Stock herumzuirren, bin ich verloren. Ich muß, auch wenn sich das peinlich banal anhört, versuchen, die Sache so zu sehen, wie sie ist, um dann das Beste daraus zu machen.

Es ist ein großes helles Zimmer, das nicht nach Krankenhaus riecht und in dem ich ziemlich gut sehe. Ihr Gesicht strahlt etwas Freundliches aus, wie das Kräuseln auf einem Waldsee. Sie arbeitet schon seit vielen Jahren auf ihrem Gebiet und besitzt so viel Erfahrung, daß sie kein aufgeblasenes Gehabe an den Tag legen muß wie viele ihrer männlichen Kollegen, die mir in meiner Krankheitskarriere begegnet sind.

»Ich habe gehört«, sage ich, »daß man inzwischen Netzhäute transplantieren kann.«

Sie setzt sich auf die Kante ihres Schreibtischs und läßt ihre Beine wie ein nachdenkliches Pendel hin und her baumeln. Sie läßt sich Zeit. Im Wartezimmer sitzen noch andere Patienten, aber sie hat es nicht eilig, und ich glaube nicht, daß ich hier bevorzugt behandelt werde. Sie ist einfach so.

»Tja, ich weiß nicht. Weißt du, die Forscher, die sich damit beschäftigen, können das ihr ganzes Leben lang machen, nur um ein kleines Stück weiterzukommen ...«

»Aber was ist nun mit diesen Transplantationen?«

»Ja, die Jungs müssen hin und wieder von sich reden machen und übertreiben, einmal, um sich selber bei Laune zu halten, zum anderen, um weitere Forschungsgelder zu bekommen. Die akademische Welt der Medizin ist ziemlich verschroben. Aber auf die Dauer geht es vorwärts.«

Wir schweigen eine Weile, während ich das, was sie gesagt hat, verdaue. Schöne Worte liegen ihr nicht.

»Vielleicht wird die Lösung erst gefunden, wenn wir beide schon tot sind.«

Bei ihr hört sich das ganz einfach an. Sie ist von dem Gerede in den Abendzeitungen mit ihren Horrormeldungen so weit entfernt, wie das überhaupt nur möglich ist.

»Hast du noch genügend Fahrdienstgutscheine, und kommst du zurecht?«

Bei einem meiner Besuche bei ihr klage ich darüber, daß mein Sehfeld nicht nur kleiner, sondern auch trüber geworden ist. Das winzige Bild, das ich noch sehe, ist unklar.
»Hm, dann werfe ich mal einen Blick in deine Augen.«
Sie schaut mir mit einer Art Fernglas in die Augen.
»Du hast grauen Star. Patienten mit RP bekommen das manchmal. Eigentlich weiß niemand, warum, aber zum Glück kann man gegen grauen Star etwas tun. Ich schreibe dir eine Überweisung für einen tüchtigen Augenchirurgen.«
In der Augenklinik warnt mich eine Krankenschwester vor der Staroperation. Sie kneift mich vertraulich in den Arm und sagt, gewisse Ärzte seien einfach scharf aufs Operieren. Sie selber habe so viel gesehen und sei nun zu dem Schluß gekommen, daß ein Auge mit RP sich vor seinem eigenen Defekt schütze, indem es grauen Star entwickelt. Sie läßt das Ärztekorps wie eine Versammlung wirklichkeitsfremder Wichtigtuer erscheinen, die wie aufgeblasene Zeppeline

über den Tatsachen schweben. Sie weiß, was sie mit eigenen Augen gesehen hat, und sie hat ihre Schlußfolgerungen daraus gezogen.

Aber ich will mich trotzdem operieren lassen. Wenn ich ohnehin nur noch eine immer kürzer werdende Zeit als Sehender habe, so will ich jedenfalls das kleine Bild, das ich sehe, klar sehen. Ich habe nichts zu verlieren.

Ärzte sind keine Götter, aber unter Krankenschwestern und anderem Personal blüht leicht die Vorstellung, daß sie eigentlich keine Ahnung hätten. Es ist eine große und herrliche Verschwörungstheorie, die sicher vielen vom Pflegepersonal ein geheimnisvolles und starkes Selbstwertgefühl verleiht, aber uns Patienten verdunkelt es ab und zu die Sicht.

Als Patient muß ich mich auf mein Gefühl verlassen können. Es gibt viele Fallen im Krankenhausapparat.

Der Augenchirurg ist ein sehr ernster Mann von kleiner Statur und mit einem rosagrauen

Teint. Er schaut mir in die Augen und sagt, in meinem Fall könne operiert werden.
»Wir nehmen zuerst das linke Auge.«
Ich sage etwas, komme mir aber billig und nur auf Äußerlichkeiten bedacht vor. Dieser Mann vor mir ist seriös bis in die Fingerspitzen. Seine ganze Seele kommt mir wie geschniegelt vor. Aber egal. Wir wollen ja nicht heiraten, sondern er soll mich operieren. Aber wann? Ich stelle mir die berüchtigten endlosen Wartelisten vor.
»Die Mittsommerwoche wäre für mich nicht schlecht ...«, sage ich zögernd.
»Gut, abgemacht.«

Im Krankenhaus erhalte ich einen grünen Kittel, zehn Milligramm Valium und einen Rollstuhl. Ein Pfleger schiebt mich in einen Fahrstuhl, und wir fahren zur Operation nach oben. Ich fühle mich kläglich, wie ich da in einem Zimmer neben dem Operationssaal liege. Da drinnen steht er also und schneidet, tauscht Linsen aus und näht. Der Chirurg ist herausgekommen, nickt mir kurz zu und macht die örtliche Betäubung. Im Nachbarbett liegt eine Neunzigjährige, und ich finde, daß wir jedenfalls in einer guten Gesellschaft leben, in der man Zeit und Kraft auch für einen so alten Menschen findet.

Nach einer halben Stunde komme ich an die Reihe. Ich muß mich auf den Operationstisch legen, und die Schwestern verkleben und verbinden alles außer dem linken Auge.

»Wir nehmen doch das linke Auge, nicht wahr?«

»Ja, das linke.«

»Kannst du uns bitte deine Kennummer sagen?« fragt eine Schwester.

»510416–7514 möchte am linken Auge operiert werden.«

Die Hand des Chirurgen streift leicht meine Stirn. Sie zittert nicht, wirkt aber äußerst angespannt. Sie hat eine wichtige Aufgabe vor sich.

»Sind Sie verkatert?« frage ich nervös und forsch. Witze zu reißen ist meine einzige Rettung in meinem zugeklebten und unwiderruflichen Zustand.

Der Chirurg murmelt etwas hinter seinem

Mundschutz. Er findet das überhaupt nicht komisch.

»Erzählen Sie mir bitte, was Sie machen«, sage ich, weil ich weniger nervös bin, wenn ich weiß, was passiert.

»Ich schneide oberhalb der Iris und nehme dann einen Sauger, der die trübe Linse zerstört, ehe er sie absaugt.«

Es tut schrecklich weh. Ich presse die Hand der Krankenschwester. Sie sitzt auf einem Hocker neben dem Operationstisch.

»Es tut weh«, jammere ich.

»Das darf nicht weh tun«, fällt der Chirurg mir ins Wort. Offenbar ist es gegen die Vorschriften, wenn es weh tut.

»Jetzt setze ich eine Glaslinse ein und vernähe die Wunde mit kleinen Kreuzstichen, aber Sie müssen jetzt still sein, damit ich mich konzentrieren kann.« Genug geredet. Ich zerquetsche die Hand der Krankenschwester. Sie hat uns Patienten kommen und gehen sehen, hat aber immer noch Wärme übrig.

Der Chirurg ist wie ein wandelnder Kühlschrank. Nach dem Eingriff dreht er sich um, um etwas in den Krankenbericht einzutragen. Die Krankenschwester klebt mir eine perforierte eierbecherförmige Schale über das operierte Auge, und ich werde nach unten auf die Station und zu meinen Kleidern gerollt. Sie werden in einem verschlossenen Schrank aufbewahrt, für den ich einen Schlüssel in der Tasche habe. Aber welcher Schrank war es? Ungeschickt probiere ich ein Schlüsselloch nach dem anderen und finde schließlich das richtige.

Danach stehe ich vor dem Krankenhaus und bereue, daß ich nicht meine Frau gebeten habe, mich abzuholen. Sie ist noch mit den Kindern auf dem Land. Ich sehe nichts. Meine Augen triefen, und ich weiß nicht, wo die Taxis stehen. Alles um mich schwankt, und ich fühle mich elend und allein. Verrotzt und mit Tränen auf den Wangen taste ich mich vorwärts und kann endlich in ein Taxi steigen.

Die Stadt flimmert vorbei. Susanne ruft mich über das Telefon in meiner Tasche an und will wissen, wie es war. Ich schlucke und kann nicht antworten, aber sie versteht.

»Ich komme rüber.«

Ich liege auf dem Sofa in der sommerleeren Wohnung. Susanne sitzt im Sessel. Wir reden ein bißchen. Ich erzähle vom Chirurgen und seiner sprühenden Persönlichkeit.
Später sitzen wir vor einem Chinarestaurant, essen und trinken Bier. Die Sonne blitzt durch die Perforation des Eierbechers. Der Wind spielt mit Susannes blonden Haaren, und hinter ihrem Kopf reflektiert das Wasser des Riddarfjärd die Sonne.

Mein Auge tränt, Flüssigkeit läuft unter der perforierten Kante des Eierbechers hervor und über meine Wange. Jetzt ist es ernst. Ich bin ein richtiger Pflegefall geworden und gehe wieder ins Krankenhaus. Eine Schwester entfernt den Verband. Nachdem ich eine Weile auf dem Flur gesessen und gewartet habe, darf ich das kleine Wartezimmer des Chirurgen betreten. Ich sitze zwischen zwei älteren Damen, und wir sind in unsere Angst vor dem versunken, was der Arzt uns sagen wird.
Der Chirurg sieht abwesend aus oder besser, er wirkt abwesend.

»Kommen Sie«, sagt er und nickt mir zu.
»Das hat gestern weh getan.« Ich lasse mich in den Patientensessel fallen.
»Das darf nicht weh tun.« Genug über Schmerzen geredet.
Er blickt mir ins Auge und murmelt aufmunternd, daß es gut aussieht. Sein Gesicht ist meinem nahe, und ich spüre seinen geruchlosen Atem wie einen leisen Luftzug durch eine Blechtrommel.
Er dreht sich mit seinem Stuhl um und kritzelt etwas auf seinen Rezeptblock. Dann reißt er das Rezept ab und reicht es mir.
»In der ersten Woche dreimal täglich drei Tropfen. Später wird die Dosis verringert. Steht alles auf der Packung.«
Damit verabschiedet er mich für dieses Mal. Ich strecke die Hand aus, obwohl das vielleicht übertrieben ist, aber er nimmt sie und schüttelt sie kurz und kräftig. Ich taste mich hinaus, während er schon in der Türöffnung steht, um den nächsten Patienten aufzurufen.

»Ist es denn nach der Operation besser geworden?« werde ich gefragt, und ich antworte, ja sicher.

»Ein kleiner Fernseher mit einem klaren Bild ist besser als ein kleiner Fernseher mit verschwommenem Bild.« So versuche ich, die Verbesserung begreiflich zu machen. Und es stimmt. Plötzlich ist das kleine Bild, das das linke Auge sieht, klarer geworden. Das Grün des Sommers ist seit langem nicht mehr so üppig gewesen, und die Buchstaben in den Zeitungen und Büchern treten in neuer Schärfe hervor. Das rechte Auge, das früher das bessere Bild hatte, ist jetzt ins Hintertreffen geraten.

Einige Wochen später sagt der Chirurg bei einer Kontrolluntersuchung, daß der Star sich neu bilden kann, da sich die Haut, die die eingesetzte Glaslinse umschließt, trüben kann.

»Das läßt sich aber mit einem Laserschuß leicht in Ordnung bringen.«

»???«

»Das ist nicht schwieriger, als eine Tür zuzu-

schlagen. Melden Sie sich, wenn Sie Probleme haben.«
Inzwischen bin ich an beiden Augen operiert worden, und wieder hinkt das linke nach. Es sieht nur ein kleines trübes Bild. Vielleicht ist das der neugebildete Star? Vielleicht sollte ich den Chirurgen anrufen? Ich weiß ja, wo ich ihn finde, und ich weiß, wie gern er Türen zuschlägt.

Meine Frau war gestern abend in einem Kurs, und als sie gegen zehn nach Hause kam, schliefen die Kinder schon. Ein guter Freund rief an und schlug vor, in eine Kneipe zu gehen, uns eine Bluesband anzuhören und ein Bier zu trinken, Eintritt frei. Gute Idee.
Ich binde meine Schnürsenkel, gehe nach unten und bin von tiefer Finsternis umgeben. Ist Roland schon da? Es raschelt im Dunkeln.
»Roland?«
»Mm, gehen wir?«
Ich nehme seinen Arm, denn die Zeit ist vorbei, in der ich keinen Mann am Arm nehmen wollte aus Angst, für schwul gehalten zu werden. Sehr lange vorbei. Auf Tyska Brinken wird gebuddelt, und überall gibt es Böcke und Laufplanken. Ich hätte das allein niemals geschafft. Doch, das hätte ich vielleicht schon, nur hätte es sehr viel länger gedauert. Eine gewisse Verunsicherung tritt ein, als wir in die Kneipe kommen. Gibt es hier jemanden für die Garderobe? Ich sehe Roland nicht, und es erscheint mir lächerlich, die

Frage einfach so ins Blaue zu stellen. Es gibt einen, und der kümmert sich gern um meine Jacke und meinen Hut.
Die Treppe nach oben ist eng und pechschwarz, aber dann geht alles gut. Die Band spielt, und es gibt einen Tresen und kleine Tische mit Stühlen. Das Gedränge an der Bar ist kein Problem, aber es kann schwierig sein, im Dunkeln Blickkontakt mit der Bedienung aufzunehmen. Dieses Problem wird bei Sehbehinderungen oft »aus den Augen verloren«. Es ist eng hier, und die Barfrau läßt ihren Blick schweifen. Dann gilt es zuzuschlagen. Eine Sekunde Zögern kann lange Minuten des Bierdurstes bedeuten. Ich erkenne sie vage im Dunkeln und bestelle zwei Bier.
»Ich übernehme die nächste Runde«, sagt Roland.
Die Band spielt recht gut, und wir setzen uns, reden zwischen den Stücken, rauchen Zigaretten und trinken Bier. Alles ist schön, aber dann kommt ein ziemlich angeheiterter Typ auf uns zu und will mit mir reden. Er will mit Täppas reden, mit dem Mann, den

seine Kinder im Fernsehen so lieben, aber in diesem Augenblick bin ich nicht dieser Täppas. Eine solche aufgezwungene Unterhaltung kommt mir oft wie eine Vergewaltigung vor, auch wenn sie nett gemeint ist. Ich sehe den Mann nicht, aber sein devoter Speichel trifft mich im Gesicht.
Roland spürt meine Unruhe und sorgt dafür, daß der Mann wieder geht. Es fällt mir schwer, mich vor Betrunkenen zu schützen, wenn es dunkel ist, sogar vor netten Betrunkenen.

Entschuldigung, ich sehe nicht sehr gut.«
Wie satt ich es habe, mich das sagen zu hören! Ich habe vieles satt, auch mein eigenes Gequengel. Ich habe so viel Gequengel in mir gespeichert, und wahrscheinlich ärgere ich mich deshalb so sehr, wenn andere quengeln. Es ist so leicht, die Ursachen zu verwechseln und die Frau zu beschuldigen, die mich mit ihrem Kinderwagen stört, obwohl alles nur daran liegt, daß ich nicht richtig sehe.
»Entschuldigung, ich sehe schlecht.«
Hau ab, du alte Kuh, ich habe jegliches Recht der Welt, sehbehindert zu sein. Man muß mich sogar bedauern, aber das wollen wir lieber nicht erwähnen. Du sollst einfach mein Spiel mitspielen und die Klappe halten. Eins, zwei, drei – schon bin ich ein Monster. Entschuldigung.

Mein Bein stößt gegen die offene Klappe der Anrichte. Eins der Kinder muß sie geöffnet haben, vielleicht war ich es auch selber. Zum zehntenmal in einer Stunde stoße ich gegen diese Klappe, und das macht mich so wütend, daß ich sie abreißen, die Küche kurz und klein schlagen und am liebsten das ganze Haus in die Luft jagen möchte. Ich bin so verdammt wütend!

Dann halte ich einen Moment lang inne und sehe ein, daß die ganze Wut nirgendwo anders als in mir ist und daß ich in meiner blinden Wut wie ein Kind anfange, Gegenstände zu personifizieren. Verdammte Klappe. Ich begreife, wie alles zusammenhängt, aber das macht mich auch nicht klüger.

Manchmal wünsche ich mir, es gäbe eine Tür in meinem Leben, ein Loch in der Höhlenwand, wie es Sven Lundqvist vor vielen Jahren in seinem Buch »Myten om Wu Tao-tzu« beschrieben hat. Die Hauptperson der Erzählung saß in einer Höhle gefangen, malte dann aber eines Tages eine Landschaft an die Höhlenwand, verschwand darin und zeigte ihren Kerkermeistern eine lange Nase.

Wenn ich auf dem Küchenboden knie und fluchend vergossenen Brei aufwische, sehne ich mich nach diesem Loch, nach der Landschaft in der Höhle oder nach der Abflughalle von Arlanda.

Wie in dem Frühjahr, als drei schlimme Ereignisse auf einmal über mich hereinbrachen: Papa starb, die Katastrophe von Tschernobyl war geschehen, und meine Frau und ich ließen uns scheiden und mußten unser Haus in Vattlång verlassen. Im gleichen Frühjahr machte ich ein Rundfunkprogramm und hatte einen eigenen Etat. Ich nahm das Geld, das für drei Sendungen reichen sollte, bestellte mir einen Wochenendcharterflug nach

Casablanca, lief aus dem Haus und setzte mich in ein Taxi. Wir fuhren durch die Stadt, vorbei an Sörgår'n, dem Haus von Jon-Larsas und Arne und Ester, und dann auf die E 4 zum Flugplatz Midlanda zwischen Sundsvall und Härnösand. Zuerst ging es nach Stockholm. Dort stieg ich nach Paris um, mit Zwischenlandung in Kopenhagen. In Paris mußte ich den Flugplatz wechseln, und in Tanger gab es noch eine Zwischenlandung.

Ich lasse Wasser in die Badewanne im Hotel Hyatt Regency laufen und schütte eine Pakkung Schaumbad hinein. Danach gieße ich mir einen Whisky mit Eis ein, stelle das Glas auf den Rand der Badewanne und gleite ins Wasser. Morgens habe ich in Vattlång Müsli gegessen, und jetzt liege ich in Casablanca im Schaumbad. Das Fenster zur Place Mohammed steht offen, und der warme Wind trägt das Geklingel der Glöckchen und die lockenden Rufe des Wasserverkäufers zu mir. Im Fernsehen läuft eine Art marokkanisches Dallas, wo verschiedene Leute in Dschellabahs und Turbanen ein Zimmer be-

treten. Sie stöhnen und verdrehen die Augen, sagen etwas, was ich nicht verstehen kann, fassen sich an die Stirn und gehen wieder.
Ich schließe die Augen, meine Nase befindet sich gerade noch über dem Schaum, und ich atme tief durch. Das hier ist wirklich etwas anderes, eine geheimnisvoll duftende Nacht, und ich liege geborgen in dieser verheißungsvollen Finsternis wie in einem Schlupfloch.

Irgendwo zwischen der Möglichkeit, den Brei in die Nuckelflasche gießen zu können und in einem Schaumbad im Hyatt Regency in Casablanca zu liegen, will ich weiterleben.

Als ich knapp zwanzig war, wohnte ich in einem kleinen Holzhaus in Hälsingland und ging oft einen Waldweg entlang. Ich kannte den Weg in- und auswendig, nachdem ich ihn so oft gegangen oder mit dem Fahrrad oder dem Auto entlanggefahren war. Es spielte keine Rolle, daß es keine Straßenlaternen gab, es war einfach schön, den Weg so gut zu kennen und mit ihm ganz und gar vertraut zu sein.

Damals verschlang ich die Bücher von Carlos Castaneda. In einem der Bücher von Castaneda gibt es eine Szene, in der der Lehrmeister Don Juan und sein geheimnisvoller Kollege Don Genaro Castaneda beibringen, wie er in der Dunkelheit rennen kann. Der Trick dabei ist, daß man nicht denken, sondern einfach existieren und mit allem eins sein soll. Castaneda lernt, in hohem Tempo über Felsen und Steine durch die dichte Finsternis zu laufen.

Ganz voll davon, versuche ich eines Nachts, über diesen Weg zu radeln. Der Kies knirscht unter den Reifen, und ich strampele durch die Schwärze, nachdem ich mich von

allen Gedanken befreit habe und vollkommen leer geworden bin. Ich bin glücklich über die duftende Herbstluft, die mich in der Nase kitzelt, und ich fahre mehrere hundert Meter, überzeugt, daß alles gutgeht. Als ich aber an Bälters Schuppen vorbeikomme und höre, wie die Wand das Quietschen der Kette und der ungeschmierten Pedale zurückwirft, denke ich:
»Ach, da ist ja Bälters Schuppen.«
Plötzlich bin ich wieder ganz im Hier und Jetzt. Ich habe angefangen zu denken, und in diesem Augenblick gleitet das Fahrrad über den Wegrand, und ich falle in den Graben, das Rad über mir. Die Seifenblase ist zerplatzt.

Ich warte die ganze Zeit darauf, daß die Seifenblase platzt, und immer öfter denke ich: »Sicher mache ich das jetzt zum letztenmal. Bald wird das unmöglich sein.« Leute rufen an und fragen, ob ich diesen oder jenen Job übernehmen kann, und ich sage zu und denke, was für ein Glück, daß ich für mich sorgen kann. Aber wie wird es später sein?

Als Sehbehinderter bin ich privilegiert, weil ich arbeiten kann und in meinem Bereich auch einigermaßen erfolgreich bin. Schreiben können Blinde immer. Reisen und mit Leuten reden geht ebensogut, und im Radio sprechen ist auch kein Problem, wenn man nur irgendwie die Uhr sehen und die Zeit einhalten kann. Fernsehen und Video sind schon schwieriger. Aber als ich neulich zu einem Fernsehchef sagte, daß ich wohl nicht mehr lange fürs Fernsehen arbeiten könne, knuffte er mich freundschaftlich in den Rükken. »Nicht *du* sollst die Zuschauer sehen«, sagte er. »*Die* sollen *dich* sehen.«

Eines Tages, als ich über den Järntorg schlendere und in einem Supermarkt einkaufen will, steht da ein großer Kerl mit Krücken und hält mir die Tür auf. Das kommt dort nicht oft vor, und ich gehe hinein, mit meinem kleinen Sohn an der Hand und meinem damals schweren tragbaren Computer auf dem Rücken. Der Mann mit den Krücken lacht mit großem offenen Mund, und ich denke, das ist bestimmt ein Tourist. Schweden halten keine Türen auf. Ich mache einige Schritte und versuche herauszufinden, wo ich bin und wo die Waren sind, denn der Laden ist vor kurzem renoviert und umgebaut worden. Die Haferflocken sind nicht mehr da, wo sie früher waren.

Der Mann kommt hinter mir her. Er ist groß, sehr groß, und er beugt sich über mich und strahlt mich an. Ich lache zurück. Er brüllt los, ein tückisches gutturales Gebrüll, zerrt mich am Ohr und schlägt nach mir. Ich hebe meinen Sohn auf und renne durch den Laden. Der Mann verfolgt mich und ist trotz seiner Krücken sehr schnell. Ich versuche, mich

hinter den Regalen zu verstecken, aber immer wieder ist er da, schwenkt seine Krücke und grunzt. Ketchupflaschen und Dosen mit Hundefutter kullern aus den Regalen. Ich bin verzweifelt und denke, daß ich mich hinter den Fleischtresen retten und um Hilfe bitten muß, aber ich verpasse den Eingang und lande zwischen dem Gemüse, eingeklemmt zwischen Gurken und Zwiebeln. Jetzt ist es aus. Seine Schritte hämmern hinter mir her, aber als ich aufblicke, sehe ich, daß alle Frauen im Laden (in diesem Moment sind nur Frauen im Laden) plötzlich die Situation erfaßt haben. Sie stellen sich auf, bilden eine Mauer und lassen mich und den Kleinen hinausschlüpfen. Der Krückenmann steht auf der anderen Seite der Mauer, keucht und sabbert.
Ich verlasse den Laden und gehe eilig nach Hause. Als ich das Haus erreicht und die Tür ordentlich hinter mir zugemacht habe, lehne ich mich an die Wand und sinke langsam vor Erschöpfung und Erschrecken zu Boden.
Ein Schlüssel wird ins Schloß gesteckt, und meine Frau kommt herein.

»Was ist denn mit dir los?«
»Ich bin im Supermarkt überfallen worden.«
Sie glaubt mir zuerst nicht, sieht aber, daß meine Aufregung echt ist.
Wahrscheinlich war der Mann gerade aus einer psychiatrischen Klinik entlassen worden. Vielleicht hatte er mich im Fernsehen gesehen, als ihm der Kopf vor Psychopharmaka nur so blubberte. Vielleicht hat er mich gesehen, als ich mich in allen möglichen Ländern herumtrieb, frei und unbeschwert – und als er dann eines Tages vorm Supermarkt auf dem Järntorg stand, machte ihn diese Erinnerung wütend.
Er konnte ja nicht wissen, daß auch ich eingesperrt und eingeschränkt bin, wenn auch auf eine andere Weise.
Ich jedenfalls bekam Angst, schreckliche Angst.

Fußgängerstreifen sind ein gefährliches Terrain. Da ich nicht gut sehe, bin ich ganz und gar von Ampeln abhängig – wenn Grün ist, muß wirklich Grün sein.

Eines Tages habe ich den Kleinen im Kinderwagen und will bei Slussen in Stockholm die Straße überqueren. Ich warte, bis es Grün wird und das charakteristische Ticken erklingt. Dann gehe ich hinüber, aber plötzlich kommt ein großer Mercedes und fährt bei Rot weiter. Der Wagen streift den Kinderwagen und bringt ihn fast zum Umkippen, und ich schreie in meiner Ohnmacht:

»Paß doch auf, du verdammter Idiot!«

Sitze mit Kalle, dem Nachbarn, auf der Veranda draußen auf dem Land. Es ist ein etwas melancholischer Nachmittag, der Sommer zieht sich schon zurück, und das ist schön und traurig zugleich. Der Sommer war so von Chlorophyll gesättigt, und schon spürt man den ersten Hauch des Herbstes. Was haben wir eigentlich damit gemacht? Waren wir glücklich? Haben die Stunden am Wasser, wenn sich die Dämmerung federleicht über den Sund senkte, mehr gebracht als nur den Streit um das schmutzige Geschirr?

Ich erzähle Kalle, daß ich neidisch bin auf ihn, wenn ich höre, wie er mit seinen Söhnen Fußball spielt und herumtobt. Das kann ich alles nicht. Ich kann nicht so ein Vater sein, denn ich kann einen heransausenden Ball nicht erkennen. Ein Vater muß mit seinen Kindern auf Bäume klettern und ihnen beibringen, wie man Holzhütten baut.

Da sagt Kalle, daß er mich beneidet, weil meine Kinder Sprache und Phantasie haben. Das kann er seinen Kindern nicht geben.

Da sitzen wir nun und sind neidisch aufein-

ander, während der Sommer um die Ecke verschwindet. Wir trinken noch einen.
»Gieß du ein, damit nichts danebengeht!«

Im Sommer kam Ulrik, mein alter Kollege aus Norrbotten, zu Besuch und wollte sich unser neues Ferienhaus in Hälsingland ansehen. Ulrik arbeitet gern körperlich und schuftet sich kaputt. Deshalb wollte er auch den Wald sehen, der zum Haus gehört.
Es gibt herabgewehte Äste, um die man sich kümmern muß, und jede Menge brauchbarer Zweige, die als Brennholz aufgestapelt werden können. Ich bat einen Nachbarn, uns in den Wald zu begleiten und genau zu zeigen, wo unser Holz liegt, denn die Schneisen sind oftmals zugewachsen, und selbst Sehende können nur schwer unterscheiden, wo der eine Bestand endet und der nächste beginnt. Wir zogen los, Ulrik, der Nachbar, der Kleine und ich, und liefen hierhin und dorthin. Ich blieb immer wieder zurück, weil ich mich um den Kleinen kümmern mußte und weil es schwer ist, durch den Wald zu gehen, wenn man nicht gut sieht. Ich stolperte und fiel in

Löcher, blieb mit den Füßen unter aufragenden Wurzeln hängen, und Zweige zerkratzten mir das Gesicht. Die Mücken schwirrten, und der Kleine jammerte. Und dabei gehe ich so gern durch den Wald! Es war, als ob man jemandem begegnet, nach dem man sich lange gesehnt hat, und dann plötzlich entdeckt, daß man sich nichts mehr zu sagen hat.

Das Holz wurde uns gezeigt, aber Ulrik wurde immer niedergeschlagener. Als wir abends auf dem Brunnendeckel saßen, Zigaretten rauchten und Kaffee tranken, sagte er, er wolle am nächsten Tag wieder nach Hause. Aber er sagte nicht, wie leid es ihm täte, daß wir nicht mehr wie vor zehn Jahren mit unseren Motorsägen in den Wald gehen konnten, um Bäume zu fällen, loszuackern und zu schwitzen und dann auf einem großen Holzstoß zu sitzen und mit den Beinen zu baumeln. Ich erinnere mich an den herrlichen Rausch der Erschöpfung, an unser Geplauder und die Sorglosigkeit. Diese Zeit ist vorbei.

Meine Frau fragt, ob ich weiß, wo der Ordner mit ihren Fotonegativen ist.

»Woher soll *ich* das denn wissen?« Ich breite anklagend die Hände aus.

»Aber du bist doch wohl nicht von aller Verantwortung befreit, nur weil du schlecht siehst?«

Nein, natürlich nicht. Das ist sehr wahr. Es ist gefährlich leicht, die Behinderung auszunutzen.

Die Menschen reagieren sehr unterschiedlich auf Behinderungen, vom mitleidigen Anschauen bis zu aufmunternden Zurufen. Wer nichts über Sehbehinderte weiß, ist manchmal gehemmt und weiß daher auch nicht, wie er sich verhalten soll. Wer weiß, wie es ist, sehbehindert zu sein, und vielleicht von Bekannten oder Verwandten das Problem kennt, ist meistens nicht sentimental.

»Schlecht zu sehen ist nichts Besonderes. Faß mich an, dann helfe ich dir.«

Es kann auf höchst unterschiedliche Weise geholfen werden. Um nicht unnötig in Schwierigkeiten zu geraten, muß ich begreifen und akzeptieren, daß ich wirklich Hilfe brauche. Ich stelle hohe Ansprüche an meine Bekannten, wenn ich versuche, meine Maske aufzubehalten, und Signale aussende, die bedeuten:

»Mir fehlt nichts, ich bin wie alle anderen, also versuch keine Tricks. Aber da dir klar ist, daß ich schlecht sehe, das aber nicht zugeben will, laß dir bitte nichts anmerken. Doch hilf mir, gewissermaßen unmerklich und diskret.«

Wenn ich in dieser Stimmung bin, mache ich es niemandem leicht.
Es gibt dabei eine Gefahr: Daß ich mit dieser einzigartigen Trumpfkarte, dieser Krankheit, die in ihrem Gewicht unantastbar und erhaben ist, Menschen gegeneinander ausspiele. Ich mache niemandem Vorwürfe, der den Umgang mit Sehbehinderten schwierig findet.
Am besten gefällt mir die vollkommen unsentimentale Haltung, der ich bei den meisten meiner Arbeitskollegen begegne.
»Nehmt um Himmels willen die Mikros weg! Jetzt kommt diese Blindschleiche und wirft alles um«, rufen die Techniker im Studio, während sie einen Bildschirm mit starkem Kontrast bringen, so daß ich Manuskript und Regieanweisungen lesen kann. Das ist kein Quatsch, sondern »laß uns jetzt versuchen, zusammen gute Arbeit zu leisten«.

Manche Menschen führen Sehbehinderte, wie wenn sie ein Stück Glut in den Händen hielten. Es brennt und qualmt. Vielleicht liegt das daran, daß Sehbehinderte Schuld-

und Ekelgefühle wecken. Es gibt Menschen, die solche Gefühle überwinden, indem sie mich führen (nein, schleppen!) wie einen Sack Kartoffeln.
Es ist, als ob man von der Polizei aufgegriffen würde. Vergehen: Sehbehinderung.

«Du mußt nett zu mir sein, schließlich bin ich dein Blindenhund!« sagt mein Verleger am Sonntagmorgen auf der Buchmesse in Göteborg. Es wimmelt nur so von Menschen, überall grelles scheußliches Neonlicht, lärmende Stimmen und dazu noch kaum einzuhaltende Termine. Wir hatten uns die ganze Nacht in einer Bar gestritten und ziemlich gebechert. Jetzt fauchte ich mit herbem Kateratem:
»Du bist kein Blindenhund – du bist eine läufige Hündin!«
Es ist viel wert, wenn man sich gegenseitig anmotzen kann. Es muß schrecklich für einen Sehbehinderten sein, in totale Rücksichtnahme eingeschlossen zu werden. Unerträglich und erstickend!

»Du, kannst du mir vielleicht was vom Computer ablesen?«

Das neue Faxprogramm für den Computer hat leider graue Buchstaben auf hellem Hintergrund, und ich kann sie überhaupt nicht erkennen. Ich brauche Hilfe, um zu wissen, was auf dem Bildschirm steht, damit ich später, ohne es sehen zu können, das richtige Kommando geben kann.

Jetzt ist es wieder soweit. Ich brauche Hilfe bei etwas, wobei man sehen können muß: die Post durchschauen, sehen, wieviel Grad das Thermometer anzeigt, oder was Britt Edwall in ihrer Zeitungskolumne schreibt.

»Du weißt, ich helfe dir, sobald die Kinder eingeschlafen sind, aber nicht, wenn du mir in diesem Ton kommst.«

Ich weiß genau, welchen Ton sie meint, aber ich frage trotzdem so, als ob ich es nicht wüßte: »In welchem Ton?«

Sie meint diese falsche, gar nicht ichbezogene und doch so unglaublich ichbezogene Märtyrerstimme. Nein, ich will nicht stören oder mich aufdrängen. Klar, du hast so unendlich viele andere Dinge, die deine Zeit

beanspruchen, daß du meine winzig kleinen Bedürfnisse nicht berücksichtigen kannst. Verzeih meine Frage. Verzeih meine Existenz!
Vermutlich bin ich nicht der einzige Behinderte, der ab und zu einen Tritt in den Hintern braucht.
Hör auf mit dem Gequengel. Tu was!

Manchmal bin ich wahnsinnig anspruchsvoll. »Jetzt lies mir das gefälligst vor!« Die Stimme, die das sagt, ist befehlend und übereifrig. Schließlich leben wir von meiner Arbeit. Es ist faktisch deine Schuldigkeit, mir zu helfen. So.
Macht die Straße frei, hier kommt ein Behinderter, dessen Spezialität es ist, mit den Gefühlen seiner Umgebung zu spielen!

An einem späten Sonntagabend rufe ich Britt Edwall an, um mich mit ihr für ein Fernsehinterview zu verabreden.
Britt liegt müde und kaputt im Bett und ist schon auf halbem Weg in die Traumwelt. Sie ist schläfrig, hat aber nichts dagegen, zu

reden. Wir unterhalten uns über Gott und die Welt und suchen dann nach einem möglichen Datum. In meinem Terminkalender ist genau für diesen Tag mit Filzstift in großen dicken Buchstaben notiert: MANUSKRIPT ABGEBEN!
Ich erwähne das nebenbei, und sie fragt, was für ein Buch ich denn schreibe.
»Ein total manisches Egotrip-Buch. Wie es ist, blind zu werden. Du weißt, ich sehe nicht sehr gut.«
Ihre Stimme klingt plötzlich belegt.
»Ist es schlimmer geworden?«
»Ja, und wenn dieses Buch überhaupt einen Sinn haben soll, dann den, daß ich mir alles von der Seele schreibe. Aber es gibt auch viele Menschen, die keine Ahnung haben, was eine Sehbehinderung im Alltag bedeutet, und sich deshalb vielleicht vor etwas Unbekanntem fürchten und ängstigen. Für die könnte das Buch doch auch wichtig sein.«
Sie schluckt schwer und schläfrig.
»Ja, verdammt, und du bist doch ein so aktiver Mensch und lebst davon, deine Beobachtungen zu schildern.«

Meine Gedanken beginnen umherzuirren. So gefährlich kann das doch nicht sein? Mein derzeitiges Leben wird nicht unmöglich gemacht, es ändert sich nur.

»Ja«, sage ich, und meine Stimme zittert nicht. »Es gibt ja noch andere Sinne, und vielleicht war ich deshalb immer schon so hoffnungslos geruchsfixiert. Vielleicht haben sich meine Sinne, um damit fertig zu werden, unbewußt angepaßt und anders orientiert.«

Jetzt, mitten am Tag und bei guter Beleuchtung, sehe ich noch immer so gut, daß ich glaubwürdig beschreiben kann, was ich eben tatsächlich noch sehe. Alle meine Schilderungen bauen mehr auf Gerüchen und Stimmungen, als auf messerscharfen, fotografisch genauen Bildern auf. Muß man denn erst die Fähigkeit zu sehen verlieren, um auf die anderen Wahrnehmungsmöglichkeiten aufmerksam zu werden?

Werde ich meine Glaubwürdigkeit verlieren, oder werde ich trotzdem das Geschehene lebendig schildern können, so daß meine journalistische Arbeit sinnvoll ist?

Britt sagt das nicht, aber ihr Tonfall, die

Angst, die aus ihrer Stimme spricht, als ich meine Lage und dieses Buch erwähne, sorgen dafür, daß ich mich wie ein Gitarrist fühle, dem die Hände abgehackt werden. Möglicherweise projiziert sie ihre eigene Angst in den Gedanken, auch sie könne das wichtigste Arbeitsgerät verlieren. Ihre Stimme und das, was sie ausstrahlt, werden zu einem Spiegel meiner eigenen Angst.

Aber das Schreiben wird, rein technisch gesehen, nicht zu einem größeren Problem werden. Es gibt jetzt so viele Apparate, zum Beispiel Computer, die den Text sprechen und lesen können, noch während er geschrieben wird. Es gibt Sprechcomputer mit männlicher und weiblicher Stimme und sogar mit Dialekt. Aber sie klingen alle blechern.

Viele Blinde können das Wort »blind« nicht leiden. Sie halten es für grob und vulgär. Sehbehindert hört sich besser an, fast wie ein Verdienst.

Wenn ich irgendwann einmal vollständig blind sein werde, dann bin ich das eben, und ich werde es nicht weniger bedrückend finden, nur weil ich das Etikett »sehbehindert« trage.

Das ist so wie mit dem alten Lappen, der von einem devoten Volkskundler interviewt und immer wieder als »Same« bezeichnet wurde.

Am Ende hat er das satt und sagt:

»Besamen kannst du mich kreuzweise. Ich bin ein Scheißlappe!«

Wann werde ich weise genug sein und ohne Hemmungen den weißen Stock aus der Tasche ziehen? Wieviel Zeit brauche ich noch, um die dazu notwendige Überlegenheit und unsentimentale Stärke zu entwickeln?
Ein Sehbehinderter hat mir erzählt, daß er einmal das Pech hatte, auf der Straße eine Frau umzurennen. Er hatte zwar einen Stock, aber den hatte er zusammengeklappt in seinen Jackenärmel geschoben. Er wollte nicht wie irgendein Blinder mit dem Stock durch die Gegend laufen!
Die Frau lag auf dem schmutzigen Bürgersteig, und ihr heller Mantel war voller Dreck und Schneematsch. Sie machte den Mund auf, um ihn anzuschreien mit wütendem und vorwurfsvollem Gesicht.
Blitzschnell klappte er seinen Stock auseinander und präsentierte sich als sehbehindert. Als die Frau den Stock sah, änderte sich ihr Ausdruck vollkommen. Sie stand unter vielen Entschuldigungen auf, bat mehrmals um Verzeihung und ging dann schnell weg.

»Also lohnt es sich manchmal, solch einen Stock bei sich zu haben«, erklärte er mit trockenem Lachen.
»Wenn ich mit meinem Stock in den Schnapsladen gehe, kann ich mich bis zur Kasse durchtasten. Ein Sehbehinderter braucht nicht Schlange zu stehen, ein Sehbehinderter kann schließlich weder Nummernzettel noch die Anzeigentafel lesen, auf der steht, wer jetzt dran ist und zu welcher Kasse man gehen soll.«
Ein Vorteil dieser Krankheit, aber lieber möchte man doch wie alle anderen Schlange stehen.

An einem Samstag mache ich mit den beiden Kleinsten einen Spaziergang. Meine Frau erledigt unterdessen etwas anderes. Die Kleine sitzt im Wagen, lutscht an ihrem Schnuller und sieht sich um, während der Junge neben dem Wagen her geht und sich an der Seite festhält, wie er es im Kindergarten gelernt hat. Wir sind ein kleiner Trupp, angeführt von einem mehr als halbblinden Führer. Es sind viele Leute unterwegs, und im Gewühl fungiert der Kinderwagen als Blindenstock.

Wir gehen in Richtung Slussen, und mich überkommt vor der Passage bei den Blå Bodarna die Angst. Ich sehe nichts, und als ich hinter dem Kinderwagen her die Treppe hoch fahre, weiß ich nicht, ob jemand mit einem anderen Kinderwagen nach unten will. Ich benehme mich vielleicht ungeschickt und behindere jemanden, und außerdem bin ich aus Radio und Fernsehen bekannt.

Ein blöder Suffkopp macht sich genau in dem Moment an mich heran, in dem ich auf den dunklen Gang zusteuere.

»Du hast ja vielleicht schöne Kinder, Täppas«, nuschelt er aufgesetzt würdevoll. So blind bin ich nicht, daß ich nicht merke, daß er sternhagelvoll ist und sich nur aufdrängen will.

»Ich will nicht mit dir reden«, sage ich und gehe rasch weiter. Mein Sohn wundert sich bestimmt, warum ich so gemein zu dem Onkel bin.

Wir verpassen zwei Fahrstühle, weil ich nicht schnell genug bin, wenn sich die Türen öffnen. Aber schließlich kommen wir doch oben an und gehen zum Mosebakken, um die Aussicht zu bewundern. Die Kleine schläft im Wagen, und ich stelle ihn an das Geländer zur Stadt hin. Neben uns steht ein junges französisches Paar. Sie sind vertieft in sich und die Aussicht, und ich komme mir alt vor. Mein Sohn zeigt auf alles mögliche und berichtet von Dingen, die ich nicht sehe, und ich versuche, mitzukommen und seine Verwunderung darüber zu teilen, daß die ganze Stadt wie ein wahr gewordener Legotraum vor uns liegt.

Ich kann auch ein wenig sehen, wenn ich nur lange genug hinschauen und mich konzentrieren kann. Aber der Junge ist ungeduldig, und kaum kann ich ein Detail des Stadtbildes erkennen, ist er auch schon, ungeduldig wie Kinder sind, von etwas Neuem fasziniert.

Als die Kinder abends schlafen und wir Erwachsenen Krebse essen, fragt meine Frau nach unserem Spaziergang. Sie fragt aus Neugier und ohne Hintergedanken. Es interessiert sie einfach.

Plötzlich überwältigt mich, wie elendiglich es war und wie schrecklich alles ist, und daß es in Zukunft immer nur noch schlimmer werden wird. Ich stehe auf, gehe in die Küche, stelle mich vor die Spüle und weine.

Das Eis unter meinen Füßen ist gebrochen, und ich liege im kalten schwarzen Wasser und kratze an der Eiskante, um mich festzuhalten und hochziehen zu können. Es ist hoffnungslos. Die schwarze Kraft da unten zieht mich in ihren Bann.

Ich muß versuchen, das Gefühl, daß alles schrumpft, zu überlisten. Ich darf mich nicht von einem Sog in die Tiefe reißen lassen, wo die Gedanken und Träume aus der Welt der Vorstellung wie die Trümmer nach einem Schiffbruch versinken. Es muß eine Ausnahme von der Behauptung geben, daß die Augen der Spiegel der Seele sind. Wenn es so wäre, dann wäre meine Seele nicht viel wert.

Ich zitterte nicht nur vor dem Weg zwischen Schrank und Tür, sondern ebenso vor den Schatten in mir. Daß ich in der dunklen Eingangshalle des Kindergartens nur selten Eltern und Personal anders als durch ihre Stimme identifizieren kann, ertrage ich meistens. Die anderen, die inneren Schatten sind schlimmer.

Eines Tages begrüße ich in der Halle vorsichtshalber eine Gestalt, die ich vor der Wand nur erahnen kann, bekomme aber keine Antwort und entdecke dann, daß es ein Mantel ist, der auf einem Kleiderbügel hängt.

Mein Zittern gilt auch meinen Träumen: allem, von dem Wunsch, nicht auf die Kleine zu treten, bis hin zu der Sehnsucht, die hassenswerten Grenzen, die meine Sehbehinderung zieht, zu sprengen und sorglos und frei umherstreifen zu können.

Es ist Herbst, und Susanne und ich kommen ganz benommen aus einem Kino, wo wir »Blue Velvet« mit Dennis Hopper und Isabella Rossellini gesehen haben. Der Film war so wunderbar bizarr, und wir sind noch immer hier auf der Straße in dem Grenzland, in dem wir uns morgens, wenn die Träume ins Erwachen übergehen, aufhalten.
Während wir im Kino waren, hat es geregnet, und das reflektierte Licht tanzt wie Butterklümpchen über den Asphalt.
Ehe der Verkehr und die Häuser das Erlebnis des Films verschlucken, zieht sie ihren Walkman aus der Tasche, setzt mir die Kopfhörer auf und drückt auf »Play«. Ich höre die neue Platte der Whitesnakes, und mein Kopf wird von rauschender Musik erfüllt. Die paßt gut zu dem Film, zum Geruch des frischen Regens, zur Herbstluft und zu den Schatten zwischen den Häusern.
Sie sieht mich an, ich grinse, sie lacht und

rennt mit flatternden blonden Haaren über die unbefahrene Sturegatan. Ich laufe hinterher, fliege fast, ohne viel zu sehen, und in diesem Moment fühle ich mich vollständig sicher und frei. Ich renne wie ein Narr, ohne daran zu denken, daß ich irgendwo gegenstoßen könnte. In diesem Moment gibt es einfach keine Gedanken.
Für einige Augenblicke haben wir die Dunkelheit und die Grenzen verlassen, bleiben einige hundert Meter weiter stehen und lachen einfach nur.

Dasselbe habe ich einmal spätabends an der Westspitze von Zypern erlebt. Meine Freundin und ich hatten auf der ganzen Reise von der Betonwüste des Flugplatzes namens Arlanda bis hierher Yatzy gespielt und Sekt getrunken und waren dann unter einer fetten, fast frechen Sonne gelandet. Wir wohnten in einem tristen Hotel am Stadtrand, aber das spielte keine Rolle, denn wir waren verliebt, und ich konnte am Tag noch Moped fahren. Abends saß ich hinter ihr und umfaßte ihre Taille, wenn wir, vibrierend auf dem röhren-

den Moped, im duftenden Wind über die Hügel fuhren.
Tagsüber suchten wir uns Strände, die um diese Jahreszeit menschenleer waren. Das Meer war warm, grün und sehr salzig. Wir gingen nackt durch das hüfthohe Wasser, von einer Bucht zur anderen, während Odysseus draußen am Horizont vorüberjagte.
Eines Abends essen wir in einem Lokal irgendwo in einer der dunklen Straßen gegrillten Schwertfisch. Wir trinken Wein, nippen am Ouzo und schlendern dann über den Bürgersteig. Plötzlich wird ein Vorhang beiseite gezogen, und Straßen und Häuser treten aus der großen Dunkelheit hervor. Das ist keine Dämmerung, obwohl es so aussieht. Was hier passiert, ist etwas in mir, und ich lache wie ein Kind, das zum erstenmal Eis probiert und sich nicht satt essen kann. Ich bin verdutzt und mache im wahrsten Sinne des Wortes große Augen. Ich wage kaum zu atmen aus Angst, es könnte aufhören.
Sie betrachtet mich verwundert. Ob ich betrunken bin? Aber sie sieht, daß meine Freude nicht einem Rausch entspringt, und sie

lacht mit mir, wie man mit jemandem lacht, der glücklich ist, auch wenn man nicht weiß, warum.
Wir spazieren weiter, und ich bin grenzenlos glücklich.
Dann fahren wir über die Hügel zum Hotel zurück, und alles ist wieder schwarz, und wir sind in pechschwarzer dicker Finsternis unterwegs. Aber das macht nichts, denn das Gefühl bleibt.
Es war, wie wenn man einen schönen Brief bekommt, eine phantastische Mitteilung aus einer anderen Welt. Ich habe einst in dieser Welt gewohnt und freue mich über jedes Lebenszeichen von dort.

Im Genforschungslabor des Karolinska-Krankenhauses teilt mir die Ärztin mit, daß mir diese Krankheit vermutlich rezessive vererbt worden ist. Es ist eine Veranlagung, die ruht, die generationenlang in den Genen schlummern kann. Dann begegnen sich zwei Menschen, die beide über diese rezessive Veranlagung verfügen, und schon kommt die Krankheit zum Ausbruch. Soviel ich weiß, hatte in meiner Familie noch nie jemand diese Krankheit. Die Ärztin sagt, daß für meine Töchter das Risiko, selber Kinder mit RP zu bekommen, bei fünfundzwanzig Prozent liegt. Ich begreife nicht, wie sie das so genau berechnen kann, aber sie zeigt mir Zeichnungen und Diagramme.

Ich habe vier Kinder, zwei Jungen und zwei Mädchen. Die drei Jüngsten wurden gezeugt, als ich meine Diagnose schon kannte. Hätte ich mich sterilisieren lassen sollen, nachdem ich die Tatsache erfahren hatte?

Nein, so geht das bei mir nicht, und auch nicht bei meinen Frauen. Alles wird sich finden. Alles wird gutgehen. Generationenlang war niemand in meiner Familie mit der

Krankheit geschlagen, warum sollten also meine Kinder, Enkel oder Urenkel sie bekommen?

Aber wie würde ich reagieren, *wenn* eines meiner Kinder die Krankheit bekäme? Was für ein Leben würde dieses Kind dann führen? Mein eigenes Leben ist nicht öde oder sinnlos und war es nie. Gibt es überhaupt sinnlose Leben?

Mama macht sich in düsteren Stunden Vorwürfe, weil sie diese Gene übertragen hat, und ich weiß nicht, was ich zu ihr sagen soll. Ich finde es vor allem traurig, daß sie sich Vorwürfe macht. Das ist so sinnlos.

»Du weißt, wie Mütter sind«, sagt sie mit Tränen in den Augen.

Die Leute beklagen sich über den schlechten Sommer. Es goß die ganze Zeit, aber für mich war das gut so. Direkter Sonnenschein wirkt sich verheerend für mich aus. Es ist, als ob ich mich Hals über Kopf in eine Sauna stürzte. Sonnenschein schneidet schwarze Silhouetten aus dem grellweißen Licht, während eine gleichmäßige Wolkendecke das Licht behutsam filtert, so daß alles leichter zu sehen ist. Am letzten Wochenende des Sommers empfangen wir bei grauem Himmel und kaltem Regen die letzten Gäste. Wir können nicht zum Baden fahren. Deshalb machen wir Ausflüge zu den Fischerorten an der Küste. Ich habe die Kleine im Tragsitz auf dem Rücken und gehe langsam hinter den anderen her, nicht nur, weil ich schlecht sehe, sondern auch, weil ich diesen Sommer oft genug alle möglichen Gäste in den Bootshäusern besucht habe. Ich will nicht noch einmal durch ein Lagerhaus tappen, in dem Bengt Lindström seine Kleckserein ausstellt. Ich gehe am Hafenbecken entlang, und die Kleine plappert in ihrer unverständlichen, aber vertrauten Babysprache vor sich hin. Aus einem Boot höre ich jemanden »Hallo« rufen. Ich erkenne die Stimme, ein Bekannter von früher. Ich kann ihn fast sehen, als er sich aus dem Schatten des Vorderdecks löst und an die Reling kommt, um mich zu begrüßen.

»Was zum Teufel, du wirst blind?« fragt er, und mir krampft sich der Magen zusammen. Kann man ein Gespräch wirklich mit einer solchen Frage eröffnen? Ich könnte kotzen.

Rasch versuche ich, unser Gespräch auf andere Themen zu lenken. Ich denke, daß er einfach nur dumm ist und keine Ahnung hat. Es ist ja gut, wenn Menschen offen und direkt sind, aber dieser Mann kratzt mir mit seiner groben Bärentatze über meine Seele. Ich beende das Gespräch und gehe doppelt beladen zwischen dem Fischrestaurant und den Hafenkneipen weiter. Das Meer und der graue Himmel keuchen hinter mir her, und ich glaube hören zu können, wie der Mann unten in seinem Boot denkt: »Ja, zum Teufel, der ist vielleicht komisch geworden«, und dann laut zu seinen Freunden sagt: »Doch, den kenne ich. Der ist beim Fernsehen und wird blind.«

Meine Frau sieht sofort, daß etwas passiert ist.

»Mir ist ein großes Arschloch begegnet«, sage ich entschuldigend. Sie schüttelt den Kopf und scheint zu verstehen, daß ich ein schlimmes Erlebnis hatte. Aber wie oft am Tag habe ich das nicht?

Wir steigen in die Autos, um nach Hause zu fahren, und ich schlage vor, bei einem kleinen Kunstmuseum anzuhalten. Wahrscheinlich ist es geschlossen, jetzt bei Saisonende, aber wir fahren hin, und die Tür steht tatsächlich offen. Hinter dem Haus findet gerade ein Kurs in Seilerei statt. Der älteste Seiler Schwedens läuft wie eine geschmeidige Katze zwischen den Kursteilnehmern herum und zeigt ihnen, wie sie Leinenfasern zu starken Seilen drehen können. Ich wandere zwischen den surrenden Seilen umher und rede mit den Leuten, bin plötzlich frei, denn ich habe vergessen, daß ich nicht gut sehe. Einer trägt eine mit Leinen oder Hanf gefüllte

Schürze und reicht die Fasern an, während sein Gegenüber flicht. Die Tauenden werden gespleißt, und das Seil wächst. Es ist wirklich spannend.

Der aufgeblasene Kommentar des Mannes auf dem Boot ist wie ein festgetrampelter Kaugummi unter der Schuhsohle verschwunden.

Ich will, daß die triste Fixierung allein auf meine Behinderung genauso verschwindet, daß ein echtes Interesse entsteht, das darüber hinausgeht, alles sei nur ein Hindernis. Für solche Augenblicke will ich kämpfen, aber das ist schwer, denn sie lassen sich nicht planen. Es ist wie mit der Liebe: Man weiß nie, wann sie kommt, aber man kann mehr oder minder offen und empfänglich für sie sein.

Im letzten Winter fuhr ich an einem Abend mit dem Zug nach Uppsala, um vor Studenten einen Vortrag zu halten. Eine Frau holt mich am Bahnhof ab, und wir gehen zusammen zum Studentenverein. Ich betrete einen großen Saal, wo erst gegessen wird. Anschließend soll ich sprechen. Es ist dunkel, aber die Stimmung ist freundlich und erwartungsvoll.

Die Bühne besteht aus einem kleinen Podium, aber ich finde hinauf und lege los. Sie hören interessiert zu. Ich sehe sie zwar nicht, aber das macht nichts. Erst als ich mitten im Vortrag um etwas zu trinken bitte, gibt es Probleme. Jemand stellt ein Bier neben mich auf einen Hocker, und ich strecke die Hand in die Dunkelheit aus, um die Bierflasche zu nehmen, finde sie aber nicht.

»Ein wenig weiter unten«, ruft jemand.

»Nein, noch weiter unten«, ruft ein anderer.

»Und dann ein kleines Stück nach links.«

Schließlich bekomme ich die Flasche zu fassen, trinke einen Schluck und mache weiter. Alle sind sich meines Problems bewußt geworden, aber als es gelöst ist, rede ich weiter. Ich glaube nicht, daß mein Herumtasten ihre Aufmerksamkeit von meinen Worten abgelenkt hat. Genau davor habe ich Angst, aber das ist sicher eher mein Problem als das meiner Umgebung.

Sitze mit geschlossenen Augen im Zug nach Hause. Es war ein guter Vortrag. Meine Gedanken wandern: Ray Charles, blind und mit dunkler Brille, betritt die Bühne, stellt sich mit dem Rücken vor ein Publikum von fünfzehntausend Menschen und sagt:

»Hi! I'm back!«

Ich denke an den blinden Sozialminister Lindqvist, der auch an RP leidet. Als wir einmal für eine Aufklärungsbroschüre über Sehbehinderungen fotografiert wurden, erzählte er mir, er sei mit fünfundzwanzig Jahren erblindet. Sein Sehfeld schrumpfte und schrumpfte, und am Ende war es nur noch so groß wie ein kleines Schlüsselloch. Das letzte, was er jemals sah, war der eine Mundwinkel einer schönen Frau, die ihm beim Essen gegenübersaß. Danach schloß sich das Schlüsselloch, und alles wurde schwarz.

Das ist auch etwas, das man mit in die Dunkelheit nehmen kann: den Mundwinkel einer schönen Frau.

Ich bin ihm eines Tages auf dem Järntorg begegnet. Er hatte keinen weißen Stock und keinen zottigen Blindenhund bei sich, sondern einen gutangezogenen Mann, vielleicht Mitte Dreißig, auf dessen Schulter er federleicht seine Hand ruhen ließ.

Im Stockholmer Hauptbahnhof finde ich mich gut zurecht. Es geht nicht schnell, aber noch kann ich an Menschen und Taschen vorübergehen und die Treppen und Gänge zur U-Bahn finden, die in die Altstadt rasselt. Ich stelle mich hinten in den Wagen und ziehe den Hut tief ins Gesicht, um nicht angestarrt zu werden. Dann gehe ich hinauf in die dunklen, aber vertrauten Gassen.

Jemand spricht mich an. Es ist Bosse, der mit einem Südamerikaner aus einer Kneipe kommt. Er fragt, ob ich mit ihnen irgendwo noch einen trinken will?

»Ja, warum nicht?«

Wir gehen zur Bar Järnet am Järntorg, und Bosse redet mit einem älteren Schwulenpaar, während ich mich mit dem Südamerikaner unterhalte. Er erzählt vom Kokainhandel und wieviel dort umgesetzt wird, wie die Entwicklungshilfe damit umgeht und so weiter. Ich denke keinen Augenblick daran, daß ich hier im Dunkeln nichts sehe, denn es ist nett und interessant, und ich werde langsam vom Thema gepackt.

Die Bar macht dicht, und Bosse und sein

Freund bringen mich nach Hause, sie müssen ohnehin in meine Richtung und wollen noch weitertrinken. Wir haben zu Hause noch ein paar Flaschen Wein, aber ich verabschiede mich, schiebe den Schlüssel ins Schloß und gehe die Treppe hoch.
Meine Frau ist noch wach, liegt im Bett und liest. Sie ist wütend wie ein Vulkan kurz vor dem Ausbruch. Warum ich nicht angerufen habe?
Ich pfeife auf die drohenden Rauchwolken aus dem Vulkankrater und lasse mich unbekümmert ins Bett sinken. Ich habe mich amüsiert und schlafe mit alkoholisiertem Schnarchen ein.
»Bloß weil ich nicht ganz so gut sehe, brauche ich ja wohl nicht zu Hause rumzuhängen?«

Siehst du das rote Schild da an der Hausfassade?«
»Nein.«
»Was? Das siehst du nicht?«
Pause.
»Nein, ich sehe es wirklich nicht.« Schweigen.
Er stößt einen leisen, gedehnten und beeindruckten Pfiff aus, der die unausgesprochene, aber gedachte Bemerkung unterstreicht: »Ja, verdammt, du bist vielleicht blind!«

»Aber siehst du das da wirklich nicht?«
»Was denn?«
»Aber das siehst du doch sicher?«
»Nein.«
»Hm.« Es klingt vorwurfsvoll. Ich habe ihm doch nichts getan, ich sehe nur nicht sehr gut. Nichts.

»Siehst du das da nicht?«
»Nein.«
»Echt nicht?«
»Nein, wirklich nicht.«

»Ach Gott, das muß aber schlimm sein!« (Was tust du mir leid!)

»Ja, ich weiß nicht, natürlich ist das ein bißchen unpraktisch, aber man gewöhnt sich dran.«

»Aber wieviel siehst du denn?«

»Wenn man das mit dir vergleicht, dann sehe ich sehr wenig, aber im Vergleich mit einem wirklich Blinden sehe ich ziemlich viel.«

»Siehst du den Vogel da oben auf dem Dachfirst?«

»Sicher.«

(Aber das stimmt gar nicht, denn der Vogel zerfasert und verschwimmt gewissermaßen mit dem Himmel, wie bei einer schlechten VHS-Kopie, bei der die Farben und Formen zucken und auslaufen.)

»Sitzt er links oder rechts vom Schornstein?«

»Ist das hier ein Verhör?«

»Meine Güte, du bist aber empfindlich.«

Während der Arbeit an diesem Buch mußte ich die Buchstaben auf dem Bildschirm auf die nächste Stufe vergrößern. Das geht jetzt schnell. Es ist wie Mitte Mai, wenn die Lappen von den Bergen herunterkommen, nachdem sie das Kalben der Rentiere überwacht haben. Hier und da hat es schon getaut, und der Schnee ist tagsüber feucht und grobkörnig und trägt schlecht oder gar nicht. Sie kommen im allerletzten Moment auf ihren Motorschlitten in die Dörfer, und dann ist der Frühling da.

Auch ich bin auf dem allerletzten Schnee unterwegs.

Als Sehbehinderter kann ich in meiner Dunkelheit verschiedene Rollen spielen: den Helden, den Märtyrer, den Alltagsblinden, den Zutiefstbeleidigten und so weiter.

In welchem Umfang beeinflußt meine Sehbehinderung meine Persönlichkeit? (Stellt euch vor, da stolpert er auf seine ganz persönliche Weise durchs Dasein, und dann plötzlich stürzt er sich auf etwas und schildert es mit solcher Schärfe!)

Wer ist das, der da stolpert und tastet? Bin ich das, oder ist es meine Sehbehinderung? Man kann wohl sagen, daß wir beide eine gemeinsame Existenz versuchen, aber daß ich mich weigere, mit meiner Sehbehinderung eins zu werden. Gleichzeitig muß ich das. Es findet ein Tauziehen statt, bei dem der Sieger schon feststeht, aber bei dem ich mich noch weigere, mich geschlagen zu *fühlen.*

Als ich bei einer Fernsehsendung Ingvar Carlssons makelloses Hosenbein mit Kaffee übergoß, wurde viel Aufhebens davon gemacht. Ich hatte zwanzig Minuten für unse-

ren Ministerpräsidenten und Kaffee bereitgestellt. Carlsson schenkte ein und versuchte, nett zu sein. Ich war nervös und machte mich an Tassen und am Kaffee zu schaffen, während ich meinen nächsten Zug überlegte.
»Möchten Sie Milch in den Kaffee?«
»Ja, danke, denn Milch ist ein gutes Produkt, das unsere hart arbeitenden Bauern mit solchem Erfolg produzieren, bla, bla, bla.«
Ich hörte seine Stimme weiterleiern und goß aus purem Versehen die Milch aus solcher Höhe in seinen Kaffee, daß ein Strahl aus Kaffee und Milch hochspritzte und dann auf seinem Hosenbein landete.
Mit einer Hand versuchte er vergeblich, den Flecken abzuwischen. Ich sah nichts und plapperte weiter meine Fragen. Aber die Kamera sah, und auf dem Fernsehschirm sah das Ganze unerhört lächerlich aus.
Noch immer werde ich auf der Straße angesprochen, ob ich die Milch mit Absicht verschüttet hätte. Dabei ist das schon Jahre her. Dann zitiere ich meine erste Frau, die das so kommentierte:
»Du hast schon immer alles und jeden be-

kleckert, warum solltest du nicht auch den Ministerpräsidenten bekleckern?«

Es ist, als ob man Hals über Kopf in ein schwarzes Loch fiele. Jedes Loch hat einen Boden, aber wenn es keinen Boden hat, dann ist es eine Tür zum Universum.

Ich weiß nicht, ob dieses Loch einen Boden hat oder ob es eine Tür zum Universum ist, aber ich spüre seine Wände und taumele, taste und kratze. Eine Schramme erinnert immerhin daran, daß man lebt. Zu Menschen, die sich in lange salbungsvolle Sermone über die Nichtigkeit des Fleisches und die Bedeutung der Seele vertiefen, sage ich immer, daß eine Heringsgräte im Hals eine Heringsgräte im Hals ist, egal, in wieviel Frömmigkeit wir diesen unangenehmen Umstand zu ertränken versuchen.

Auf der Straße begegnet mir ein Bekannter, der sich nach meinen Augen erkundigt.

»Ja, sie haben sich im letzten halben Jahr ein bißchen verschlechtert, aber das ist ja schon seit langem so. Irgendwie kann ich mich immer wieder der Lage anpassen. Das klappt trotz allem ziemlich gut.«

Der andere nickt und sieht erleichtert aus.

Wie gut. Ich lasse die ständige Verschlechterung harmlos klingen, fast so angenehm wie eine Liebkosung. Entweder bin ich ein Meister in Selbstbetrug, oder vielleicht stimmt es, was ich sage. Es wäre ja auch nicht so angenehm, wenn mir als Antwort auf diese Frage Tränen in die Augen träten, mein Gesicht und mein ganzer Körper zucken und ich mich schließlich in Embryohaltung auf dem Bürgersteig zusammenkauern und anfangen würde zu brüllen.

Eines Abends hatten einige Witzbolde die Böcke an einem aufgebuddelten Bürgersteig vor dem Rundfunkgeschäft in der Altstadt weggenommen. Plötzlich merke ich, wie ich dem Boden dieses Loches entgegenrutsche und -rudere. Der Fall war nicht so tief, als daß ich mir wirklich weh getan hätte, aber ich frage mich, ob mich jemand gesehen hat oder mehrere, die gedacht haben: »Ja, ja, da fällt er. Der scheint ganz schön einen gehoben zu haben. Man hört ja immer wieder, daß Prominente saufen wie die Löcher.«
In gewisser Hinsicht ist es interessant, so

Hals über Kopf zu fallen, unseres gewohnten sicheren Kurses beraubt zu werden, etwa so, wie von plötzlich aufflammender Liebe getroffen zu werden. Aber es ist gar nicht komisch, in ein Loch zu fallen. Es ist ausgesprochen lieblos.

Vor der Nobelpreisverleihung und dem anschließenden Bankett im Rathaus ruft jemand von Aftonbladet an und fragt, ob ich für die Zeitung über den Abend berichten könne. Vermutlich ist man auf der Jagd nach einer anderen Art von Reportage über das Nobelfest als der üblichen und wendet sich deshalb an jemanden, der für seine zwar seltsamen, aber doch relevanten Beobachtungen bekannt ist.

Natürlich nehme ich den Auftrag dankend an, denn wer will schließlich nicht einmal in seinem Leben zu diesem Essen eingeladen sein und in Gesellschaft von soviel Macht, Wissen und Reichtum von dem berühmten Porzellan speisen? Ich sage nichts davon, daß ich schlecht sehe, denn gerade an diesem Tag bin ich guter Laune.

In einem Geschäft in Östermalm leihe ich mir einen Frack. Ich stopfe mir Papier und Filzstift in die Tasche.

In pechschwarzer herbstlicher Dunkelheit steige ich vor dem Rathaus aus dem Taxi. Ich sehe absolut nichts außer einigen hektischen Hofmarschällen, aber ich höre Kleider rauschen und Menschen in vielen verschiedenen Sprachen murmeln. Vorsichtig nähere ich mich dem Rauschen und den auf dem Bürgersteig klappernden Absätzen. Dort, wo es am lautesten ist, steht sicher die Schlange der Bankettgäste, und ich reihe mich einfach ein und lasse mich ins Rathaus treiben.

Drinnen ist es ziemlich schummrig, aber ich sehe einen Mann in Uniform mit einem Ordensband über der Brust, und dem sage ich, daß ich ein bißchen schlecht sehe und Hilfe brauche. Daran ist nichts Komisches. Er ist freundlich, und rasch hat er mich an meinen Tisch gelotst. Dort sitzen schon Journalisten von verschiedenen Zeitungen. Die einzige, die ich kenne, sitzt neben mir. Sie arbeitet für Expressen. Wir amüsieren uns recht gut, obwohl wir im Hintergrund sitzen. Die anderen Journalisten wirken nicht verlegen, als ich meine kleine Halogentaschenlampe zücke und das berühmte Porzellan anstrahle, über das soviel in den Zeitungen gestanden hat.

Als das Fernsehen dreht, ist der Saal in gleißendes Licht gebadet, das jeden Schatten, jedes Dekolleté und jeden Gesichtsausdruck ausfüllt. Es ist so hell, daß ich das gelangweilte Gesicht des Königs und das spitze Lächeln der Königin erkennen kann. Sie sehen aus wie eine Reihe von Wachspuppen, die in dem unbarmherzigen Scheinwerferlicht schmelzen könnten.

Nach der Übertragung wird es wieder dunkel. Das Essen ist beendet, und ich hake mich bei der Frau von Expressen unter und gehe mit ihr in den Ballsaal, wo eine Fotografin auf mich wartet. Sie macht Bilder von den tanzenden Paaren, und ich hopse auch kurz auf der Tanzfläche herum.

Es ist dunkel, und es bleibt dunkel, aber ich erkenne unter einer Lampe Anne Wibbles Gesicht, als sie vorbeitanzt. Sie sieht fröhlich aus.

Ich fahre mit dem Taxi nach Hause und schreibe sofort los. Den Text muß ich bis spätestens zwei Uhr nachts gefaxt haben. Ich mache mir einen starken Kaffee und schalte den Computer ein.

Der Artikel nimmt Gestalt an. Er baut vor allem auf Stimmungen und Bruchstücken

der Gespräche zwischen den anderen Journalisten auf. Er ist gar nicht so übel, und ich bin ziemlich zufrieden, als ich die Blätter ins Faxgerät stopfe und an die Redaktion schicke.
Nach einer Weile ruft der Chef vom Dienst an. Mit schroffer Stimme verlangt er weitere Informationen über die Festgäste. Die Leser wollen wissen, wer da war und wer mit wem getanzt hat. Das habe ich nicht gesehen, und plötzlich geht ihm auf, daß der einzige akkreditierte Reporter von Aftonbladet bei diesem legendären Ereignis schwer sehbehindert ist. Er beendet das Gespräch leicht resigniert, und ich stelle mir vor, wie er aufspringt, sich die Haare rauft und ruft:
»Wer zum Teufel ist bloß auf die Idee gekommen, einen blinden Reporter aufs Nobelfest zu schicken?«
Sie hatten die Katze im Sack gekauft.

Es gibt offensichtlich Hyänen und Blutsauger, die in meiner Situation ein Geschäft wittern. Behinderungen sind ein willkommener Stoff, der auf eine abstoßend faszinierende Art anziehend wirkt, und wer darüber schreibt, kann immer darauf hinweisen, wie wichtig es ist, die Allgemeinheit über Dinge aufzuklären, die alle und jeden treffen können. Lena Olins Menstruationsbeschwerden sind für die Welt der Abendzeitungen weitaus interessanter als hundert alltagsgraue Mißhandlungsfälle in den Vororten.

Vor ein paar Jahren rief mich eines Nachmittags eine Frau von der Zeitung Expressen an. Sie sagte, sie habe gehört, daß ich an einer nicht sehr häufigen Augenkrankheit litte, und sie wolle darüber schreiben.
Dagegen habe ich nichts, denn es erhöht den »Status« einer Krankheit, wenn darüber geschrieben wird, und auf Dauer gibt es dann mehr Geld für die Forschung, die sich damit befaßt. Auf Krankheiten aufmerksam zu machen ist immer gut. Wer wird schon da-

durch berühmt, daß er einen unbekannten Berg besteigt, von dem niemand je gehört hat?
Ich erzähle der Journalistin also ein bißchen über die Krankheit und weise sie auf die drei Personen in Schweden hin, die am meisten darüber wissen, den Professor in Lund und seine beiden Kollegen in Linköping. Ich selbst hätte im Moment viel zu tun, sie solle doch in drei Tagen wieder anrufen, dann könnten wir in aller Ruhe weiterreden. Damit scheint sie zufrieden zu sein.
Am selben Abend bin ich bei Kollegen in Sundbyberg zum Essen eingeladen, um das zukünftige Programm der Reisesendungen zu planen. Wir sitzen im Wohnzimmer, sehen uns Karten an und spielen mit Ideen.
Das Telefon klingelt. Es ist wieder die Frau von Expressen, und ich höre im Hintergrund die hektischen Geräusche der Nachtredaktion. Sie sagt, sie hätten erfahren, daß Aftonbladet »dieser Sache auf der Spur« ist, und ihr Chef habe befohlen, den Bericht bereits in der morgigen Ausgabe zu bringen.
Es wird deutlich, daß der Artikel, der ihr

vorschwebt, von keinerlei medizinischem Interesse ist, sondern allein auf der Prominentenschiene läuft. Meine gute Laune ist dahin, und ich sage, daß die Konkurrenz zwischen Expressen und Aftonbladet nicht das geringste mit meiner eigenen Situation zu tun habe. Ich wiederhole mit mühsam erkämpfter Ruhe, daß sie in drei Tagen wieder anrufen soll, damit wir richtig darüber sprechen könnten.

»Ich muß jetzt schreiben!« wiederholt sie drohend.

Aus meinem Innern steigt heiße Wut auf, und es schmeckt scheußlich in meinem Mund. Wütend, aber mit einem festen Dekkel über meinen Gefühlen beende ich das Gespräch. Sie soll weder meine Tränen sehen noch den Speichelklumpen, mit dem ich die gierig ausgestreckte Sensationsbettlerhand gern bedecken würde.

Nach einer Stunde ruft sie erneut an und fragt, ob sie einen Fotografen nach Sundbyberg schicken könne.

»NEIN!« sage ich und knalle den Hörer auf.

»Was war denn?« fragt Lars, als ich mit

düsterem Gesicht ins Wohnzimmer zurückkehre.
»Die Hyänen heulen«, sage ich durch meine zusammengepreßten Zähne. Das dämpft unsere Pläne. Nichts macht mehr wirklich Spaß.

Am nächsten Tag soll ich auf dem Dachboden des alten Gefängnisses in Långholmen an einer experimentellen Stereoaufnahme in Kunstkopftechnik teilnehmen. Ich schnappe mir am Zeitungskiosk auf dem Norrmalmstorg ein Exemplar von Expressen, springe in ein Taxi und fange an zu blättern.
»Schweine, Schweine, Schweine!« Mitten in der Zeitung haben sie eine ganze Seite damit gefüllt. Eine schwarze Überschrift berichtet, daß ich blind werde, und aus dem Archiv hat man ein Foto von mir ausgegraben, auf dem ich rehäugig und nett aussehe. Der Artikel enthält einige Zitate von mir, und dann gibt es noch ein kleines Foto von dem Professor in Lund und einige Sätze von ihm. Er sagt, daß die meisten Männer mit meiner Diagnose

mit vierzig gesellschaftlich längst erledigt seien.
Ein großer schwarzer Stein beginnt, in meinem Magen zu rotieren. Ich weiß nicht, was am schlimmsten ist: Daß hier versucht wird, mit meinem Problem Zeitungen zu verkaufen, oder daß ich mit vierzig gesellschaftlich erledigt sein werde.
Die Aufnahme des Radioprogramms läuft nicht gut, weil mein Inneres ein Chaos ist. Ich will sterben, nein, töten. Abends fahre ich nach Hause, lege mich hin und starre an die Decke. Gedanken und Gefühle sind wie ein einziger bohrender Schmerz.
Nach einigen Tagen raffe ich mich auf und schreibe einen wütenden Brief an Expressen. Ich erhalte zwei bedauernde Antworten von Strömstedt. Er ist selber sehbehindert und weiß, wie mir zumute ist. Aber er glaubt diesen blutrünstigen Drachen, Expressen, in dessen Sattel er mit den Zügeln in den Händen sitzt, nicht zügeln zu können.

Mamas Tränen strömen. Auch sie mag diese Art von Aufmerksamkeit für meine Person

nicht. Außerdem klagt sie sich, wie Mütter sind, an, weil sie mir die Veranlagung für diese Krankheit vererbt hat.
Die Zeitung hat mich und meine Familie auf grobe und gemeine Weise ausgenutzt. Ein möglicher Informationswert ertrinkt im blutrünstigen Geheul der Hyänen.
Ich hasse die Hyänen und die Mechanismen, die sie lenken: den Triumph des Profits über die Ethik.

Wenn wir für Reportagen unterwegs sind, dann wissen Lars, der Kameramann, und Tuvan, der Tontechniker, genau, wie und was ich sehe. Sie wissen, daß mein Sehvermögen drastisch abnimmt, wenn wir die helle Straße verlassen und durch das dunkle Tor gehen.

»Treppenstufen und Geländer rechts«, flüstert Lars wie im Theater, während die Kamera läuft. Bei Tageslicht gibt es keine größeren Probleme. Mein eingeengtes Sehfeld läßt mich nur das sehen, worauf ich meine Linse eingestellt habe. Lars sieht beim Filmen mit beiden Augen, nicht nur mit einem Auge in Kamera und Sucher. Das andere Auge sucht gleichzeitig die Umgebung nach wichtigen Veränderungen ab. Er scheint sogar zu wissen, wohin ich mich bewegen werde, bevor ich wirklich in diese Richtung gehe, und die Bewegung der Kamera setzt noch vor meiner ein. Wir arbeiten gut zusammen und kombinieren unsere Fähigkeiten und meine Unfähigkeit zu einer kreativen Einheit. Wir sind ein Guerillatrupp, der trotz meines schlechten Sehens

die Wirklichkeit so erforscht, wie sie in diesem Moment entsteht.
Daß ich schlecht sehe, ist nichts, worüber wir dauernd reden, aber der Umstand geht wie alle möglichen technischen Faktoren in unsere Berechnungen mit ein. Manchmal filmen wir bei schwachem Licht, und erst abends, wenn wir im Hotelzimmer sitzen und die Aufnahmen des Tages am Monitor abspielen, sehe ich, wo wir gewesen sind. Die elektronische Verstärkung des lichtschwachen Bildes durch die Kamera macht es für mich zugänglich. »Ach, so hat das ausgesehen?«

Wir sind oft wochenlang unterwegs. Lars hat einen kleinen VW-Bus organisiert. Er sitzt am Steuer, während Tuvan neben ihm die Karte liest. Ich hänge auf dem Rücksitz rum, schreibe auf dem Computer, klimpere auf der Gitarre oder döse einfach vor mich hin. Einmal in der Woche fliege ich nach Hause, weil ich Kinder zum Schmusen und eine Frau zum Streiten habe.
Große Flugplätze sind kein angenehmer Aufenthaltsort für Sehbehinderte. Überall Ge-

dränge und Lautsprecher, die ununterbrochen etwas mitteilen. Aber die Grundstruktur ist leicht zu durchschauen. Man folgt einfach den Schildern und läßt sich vom Gedränge nicht ablenken. Alles ist sehr logisch aufgebaut.

Einmal trennen wir uns in Schottland, um uns bald darauf auf Bornholm wiederzutreffen. Lars und Tuvan wollen mit dem Bus fahren, ich will für ein paar Tage nach Hause. Ich nehme einen Inlandsflug nach London und steige dort nach Stockholm um.
Ich habe es in London sehr eilig und renne auf der Jagd nach meinem Flugzeug durch die Gänge. Endlich bin ich am Ziel, aber ich bin so spät, daß die Boardingkontrolle schon geschlossen ist. Ich stürze durch die lange Plastikwurst und kann gerade noch ins Flugzeug springen, ehe sich die Türen schließen. Es riecht nach Kaffee, und die Leute beugen sich über ihre aufgeschlagenen Zeitungen. Sicherheitshalber frage ich eine Stewardeß, ob das der Flug nach Stockholm sei.
»Oh no, we're bound for Rio!«

Ungefähr ein Jahr später interviewt mich ein Journalist von Expressen für deren Reisebeilage. Wir sitzen in einem Café in der Altstadt. Es ist ein sympathischer Reporter. Wir reden über das Reisen, praktisch und philosophisch. Ich erzähle von meinem Heimweh und den vielen Schwierigkeiten, die sich neben allen Annehmlichkeiten dabei ergeben. Ich erkläre ihm, daß meine Motivation für das Reisen zum Teil darin liegt, daß ich an einer Augenkrankheit mit einer nicht gerade schönen Prognose leide. Deshalb will ich soviel wie möglich sehen, ehe es zu spät ist. Ich muß Bilder, Gerüche und Situationen sammeln, damit ich, wenn ich später so schlecht sehe, daß das Reisen nur noch mühsam sein wird, genügend Eindrücke zusammengetragen habe, die ich glaubwürdig beschreiben kann.

Das Interview soll am folgenden Samstag erscheinen, und als es soweit ist, ruft Lars mich gegen Mittag an.

»Warst du heute schon draußen?«

»Nein, wieso?«

»Geh heute lieber nicht raus, und wenn doch,

dann sieh dir nicht die Zeitungsplakate an.«

Nach diesem Gespräch ziehe ich meine Jacke über und gehe mit eiligen neugierigen Schritten los.

Unten auf dem Järntorg stehen ein paar Menschen vor grelleuchtenden Zeitungsplakaten. Ich schleiche mich von hinten mit hochgeschlagenem Kragen und tief in die Stirn gezogenem Hut an.

»Nein, so was, daß der blind wird!« Sie tauschen vielsagende Blicke. Was für ein Elend. Ich trete näher heran und lese die schlagzeilenschwarzen Lettern, die über das ganze Plakat verkünden:

TÄPPAS WIRD BLIND!

Wieder hat Expressen zugelangt, aber diesmal mit noch mehr Zunder. Mein Gebrechen ist wegen meines gestiegenen Bekanntheitsgrades vom Innenteil auf die Plakate befördert worden. Sogar die Titelseite bringt die Meldung. Diese Teufel benutzen meine private Hölle, um Geld zu machen. Dieser unglaubliche Zynismus trifft mich wie ein Sen-

senhieb. Ich muß mich an eine Hauswand lehnen, um nicht umzukippen.
Ich kann mir vorstellen, wie das gelaufen ist: Es ist Nacht in der Redaktion von Expressen, und die Redaktionskonferenz soll entscheiden, was am nächsten Tag als Hauptschlagzeile gebracht wird. Die vorhandenen Artikel werden durchgesehen. Man findet das Angebot an Sensationen äußerst beschränkt.
»Ja, aber wartet mal«, sagt jemand, »es gibt da doch das Interview mit diesem Fernsehtypen Täppas, und anscheinend soll der blind werden.«
Der Chefredakteur strahlt und ruft:
»Supergeil! Die Kiste trieft ja nur so vor human touch. Wir nehmen sie aufs Plakat und auf die erste Seite. Los jetzt, Jungs!«

Von nun an klingelt das Telefon rund um die Uhr, und es sind nicht nur Telefonwichser, Betrunkene und alberne Teenies, die anrufen, sondern auch ganz ernsthafte Menschen. Sie haben in der Zeitung gelesen, daß ich blind werde, und sie wollen mich heilen.

Ein Mann mit dünner und vollkommen humorloser Stimme ruft an und teilt mit, daß der Fehler wahrscheinlich an den elektrischen Strömen um meinen Kopf herum liege. Er hat einen Apparat konstruiert, der die Ströme nicht nur mißt, sondern auch auf den richtigen Weg leitet. Der Apparat kann meine Augen heilen. Ich frage, wie er konstruiert ist. Anscheinend besteht der Apparat im wesentlichen aus einer alten Keksdose und ein paar Kabeln. Er will sich nicht genauer über den Inhalt des Kastens äußern, behauptet aber, daß die Methode gut funktioniert.

»Was nimmst du für eine Behandlung?«

»Na ja, ich arbeite ja aus Idealismus, aber so an die zweihundert kostet die erste Behandlung schon. Sie dauert nur zwanzig Minuten.«

Als ich sage, daß ich nicht interessiert bin, seufzt er tief. Er findet mich dumm und undankbar. Er meint es doch nur gut mit mir.

Eine Frau mit schneidend schriller Stimme ruft an und schreit ins Telefon, daß ich mich gesundbürsten müsse. Ich bin umringt von fordernden Kinderstimmen und versuche, während ich den Hörer zwischen Schulter und Kinn klemme, zu verstehen, was die Stimme im Hörer sagt und was die Kinder essen wollen. Es sollte zu hören sein, daß ich von meinem Alltag sehr in Anspruch genommen bin, aber sie hört nicht zu; sie preist nur weiter ihre Bürsterei an.

»Ich bürste mich jetzt seit dreißig Jahren morgens und abends trocken, und ich bin gesund«, heult sie. Sie wirkt total verrückt.

»Ich habe gerade ein bißchen viel um die Ohren, aber danke für den Anruf.«

Aber so leicht werde ich sie nicht los, sie kennt immerhin die Lösung meines Problems. Schließlich geht mir die Geduld aus, und ich bitte sie, sich sonstwohin zu scheren. Sie plappert weiter übers Bürsten, bis ich den Hörer aufknalle.

Und so geht es weiter. Jeder Idiot hat Expressen gelesen und ruft zu jeder Tageszeit an und bietet seine Dienste an. Es ist sehr ermüdend, und mir wird klar, daß sich Idealismus bisweilen in pure Rücksichtslosigkeit verkehren kann.

Ulrik ruft an. Er sitzt am Kachelofen in Tärendö, und wir reden über Gott und die Welt. Ich freue mich über seinen Anruf und sage, ich hätte geglaubt, er würde nie mehr etwas von sich hören lassen, jetzt, wo es nun mal so ist, wie es ist.

»Ich dachte«, sage ich, »du wärst enttäuscht gewesen, als du im Sommer zu Besuch warst und gemerkt hast, daß ich jetzt so schlecht sehe, daß ich nicht mehr dasselbe tun kann wie früher, zum Beispiel mit der Motorsäge im Wald arbeiten.«

Es wird still in der Leitung, und ich höre, wie er sich an der Ofentür zu schaffen macht, bevor er weiterspricht:

»Nein, weißt du, so war das nicht. Natürlich war ich verlegen, aber das war es nicht. Es war nur so viel Wald.«

Bevor er im Sommer zu uns kam, hatten wir darüber gesprochen, daß wir uns zusammen um die herabgewehten Äste kümmern und das Brennholz aufstapeln wollten.

»Ich finde, du solltest den Wald verkaufen, ehe er verkommt, obwohl natürlich die Rus-

sen im Moment die Preise ruinieren, ich weiß auch nicht so recht.«
Wir reden über alles mögliche andere. Er erzählt, daß er an einer ruhigen Stelle im Fluß Netze legen will.
»Ist das denn nicht verboten?«
»Zum Teufel mit dem Verbot!« Er lacht und zieht an seinem Zigarillo.
Wir haben wieder Kontakt, und es macht nichts, daß ich blind werde. Warum auch? Blind werden ist nicht unnatürlich, es ist nur ein wenig ungewöhnlich.
Aber vielleicht flößt mein verschlechtertes Sehvermögen manchen Menschen Unbehagen ein und weckt Schuldgefühle? »Da laufe ich nun durch die Gegend und sehe alles so deutlich, und dieser arme Kerl sieht so gut wie nichts. Wie ungerecht!«
Es ist wie bei einer Lotterie. Manche Leute gewinnen ein chromglänzendes Auto, andere werden blind. Es ist nicht gerade angenehm.

Denkst du immer daran, daß du blind wirst?«

»Nein, dazu fehlt mir die Zeit, aber ich muß mehrmals im Laufe eines Tages daran denken.« Vielleicht arbeite ich deshalb soviel. Einerseits um mein Gehirn mit anderen Gedanken zu füllen, und andererseits weil es mir Spaß macht, zu reisen, zu schreiben und zu erzählen. Und das schaffe ich ja trotz allem.«

Aber sagt nicht, ich solle lachen, denn ein fröhlicher Behinderter, der noch dazu dankbar ist, will ich nie werden. Fröhlich – ja sicher, manchmal, aber nicht deswegen oder trotzdem.

Ab und zu kommt die Angst mit großen Bärentatzen und vertreibt alle anderen Gedanken.

Irgendwo muß es einen Menschen geben, der mir helfen könnte, meine eigene Wahrheit zu leben, kurz gesagt, auszuhalten.

Man kann jahrelang bei der kleinen exklusiven Gruppe von gut ausgebildeten und erfahrenen Psychotherapeuten, die erst ihre eigene Seele zerlegt haben, ehe sie in der anderer herumwühlen, Schlange stehen. An selbsternannten Therapeuten dagegen besteht kein Mangel. Sie annoncieren in Anzeigenblättern, und man weiß nie, ob sie in gutem Glauben handeln oder einfach nur Geld scheffeln wollen.

Eines Tages beugt sich in einem überfüllten Zug plötzlich ein Mann, etwa Mitte Zwanzig, über den Mittelgang zu mir herüber und fragt:
»Brauchst du einen Therapeuten?«
Die Frage unterbricht die Stille, denn obwohl der Waggon überfüllt ist, sagt niemand etwas. Es herrscht angespanntes schwedisches Schweigen. Alle haben die Frage des Mannes gehört und spitzen die Ohren. Ich bin zwar überrascht, aber gleichzeitig muß ich lachen. Er erzählt, daß er Psychologie studiere und vor dem Abschluß sei. Er habe gehört, daß Prominente Probleme mit ihrem Selbst haben und damit zum Problem für sich und andere werden können. Er bietet mir eine Gesprächstherapie an.

Meine Gedanken wirbeln durcheinander. Hier sitzt ein junger Spund, der kaum trokken hinter den Ohren ist, und schämt sich nicht, mir seine therapeutischen Dienste anzubieten, denn er glaubt als tüchtiger Unternehmer in der Seelenlandschaft an sich und seine Fähigkeiten.
»Du mußt entschuldigen, aber ich wünsche mir eine Therapeutin mit einem großen Busen.«

Jetzt ist es wirklich ernst, denn ich bin kurz davor durchzudrehen. Nach mehreren Telefonaten erhalte ich eine zuverlässige Empfehlung für einen Therapeuten. Ich fahre mit dem Taxi hin und taste mich in dem dunklen Treppenhaus vorwärts. Da ich meine Taschenlampe zu Hause vergessen habe, kann ich die Türschilder nicht lesen. Ich nehme mein Mobiltelefon und rufe an. Zwei Treppen höher öffnet sich eine Tür.
Er nimmt meine Hand und führt mich in die Wohnung. Ich kann sein Gesicht ahnen: Es ist hell und weich wie bei einem sehr alten Baby. In der Wohnung gibt es ein Sofa, zwei

Sessel und einen Couchtisch mit einem Aschenbecher. Neben dem Sofa steht eine Rolle Küchenpapier.
Ich versuche, ihm meine Verzweiflung zu beschreiben. Er sitzt im Sessel und hört zu. Wir rauchen Zigaretten. Ich berichte von meinen Schwierigkeiten, sehbehinderter Vater von kleinen Kindern und ein sehbehinderter Ehemann zu sein und gleichzeitig als journalistischer Gelegenheitsarbeiter im Licht der Öffentlichkeit zu stehen.
Er findet, daß ich tapfer sei, aber zu ehrgeizig, und daß ich mir zuviel Mühe gäbe, tüchtig zu sein. Ich sei so frustriert, wenn ich auf die Kinder trete, berichte ich.
Er ist verständnisvoll, aber ich will kein Verständnis. Ich will einen begabten Einbrecher, der mit Intuition und roher Klugheit mein Gehirn aufstemmen kann.
Er schlägt mir vor, daß meine Frau und ich ihn und seine Frau in ihrem Haus an der Westküste besuchen. Eine Stunde kostet fünfhundert Kronen. Ich erkundige mich nach seiner Ausbildung, und er sagt, daß er früher Betriebswirt gewesen sei. Aber vor

zehn Jahren habe er sich scheiden lassen, eine Krise durchlebt und sei Therapeut geworden.
Er überreicht mir einen Überweisungsvordruck über siebenhundertfünfzig Kronen. Das ist sein Honorar für ein Gespräch von anderthalb Stunden.
»Ruf mich an, wenn du mit deiner Frau gesprochen hast«, sagt er und hält mir die Hand hin.
Wenn es wenigstens so wäre, daß man etwas auspackt, was man bei einem Versandhaus bestellt hat, was aber viel weniger attraktiv ist, als es das Foto im Katalog versprochen hat. Diese Art von Enttäuschung läßt sich ertragen; es geht trotz allem nur um eine Sache, um etwas, das den hohen Erwartungen nicht entspricht.
Das hier ist schlimmer: eine unbeschreibliche Leere, deren einziges Resultat ein Überweisungsvordruck über siebenhundertfünfzig Kronen ist.

Stimmen. Der Zug in Richtung Süden zu einem Auftritt im Folkets Hus in Småland. Mir gegenüber sitzt ein Mensch in heller Hose, aber ich kann nicht erkennen, wie der obere Teil seines Körpers aussieht, denn er ist für mich in dunkles Grau gehüllt. Er ist einfach eine Hose, und erst als der Besitzer der Hose zu schnarchen beginnt, weiß ich, daß es ein Mann ist. So schnarchen nur Männer: feucht, gewaltig und mit einem noch im Schlaf intakten Selbstvertrauen.

Die Landschaft zieht draußen als grauer Brei vorüber. Die Farben sind durch den Regen aufgelöst, Himmel und Erde verschmelzen zu einem trüben Nichts.

Mit meinem Selbstvertrauen steht es nicht gerade gut. Ich flüchte mich in unruhige Grübeleien darüber, ob ich mit der Veranstaltung, die vor mir liegt, zurechtkommen werde. Werde ich in Småland etwas sehen können?

Den Veranstaltern habe ich am Abend zuvor am Telefon gesagt:

»Ja, ich sehe nun mal nicht ganz gut, vor allem in dunklen Räumen, aber sonst geht es meistens gut.«

Was ich zu sagen versuche, ist: Ich sehe fast nichts, aber versuche trotzdem, zurechtzukommen.

»Wir kümmern uns schon um dich«, sagt die verläßlich klingende Stimme eines Småländers.

Der Zug fährt langsam, und ich habe Hunger, aber das Gedränge ist zu groß, und es ist zu mühselig, in den Speisewagen zu gehen. Ich stülpe mir die Kopfhörer des Walkman über die Ohren und lege die erste Kassette von »Ormens väg på hälleberget« (Der Weg der Schlange über den Fels), von Torgny Lindgren selbst gelesen, ein. Schon nach wenigen Minuten bin ich völlig vertieft in die Stimme in meinem Kopf und bin mitten in diesem unheimlichen Drama, gefangen und gefesselt in einer anderen Zeit.

»Hiermit ist die erste Seite der Kassette beendet«, sagt plötzlich eine neutrale Stimme, und ich nehme die Kopfhörer ab, blicke auf und drehe die Kassette um. Die helle

Hose ist verschwunden. Die Lesung geht weiter, und ich höre wieder zu, ohne daran zu denken, daß ich etwas essen sollte.
Der Zug trifft verspätet in Alvesta ein, und der Anschlußzug ist schon weg. Statt dessen gibt es eine Busverbindung. Hinten faseln zwei sich streitende Betrunkene immer wieder dasselbe, während wir durch endlose Wälder und heftigen Regen fahren.
»Es gibt zwei Sorten Weiber«, erklärt der eine Betrunkene. »Mit der einen kann man bumsen, und der anderen kann man mit der Seele begegnen – aber kein einziges Weib kann beides bieten.«
Danach muß er zum Pinkeln aussteigen. Ich schaue auf die Uhr und versuche, die Zeiger zu erkennen. Sicherheitshalber frage ich eine Frau, die vor mir sitzt, wie spät es sei. Es hängt an einem seidenen Faden, ob ich noch rechtzeitig komme.

Eine Frau vom Bürgerhaus holt mich ab. Sie ist munter und sympathisch. Ich erzähle, daß ich mir Torgny Lindgren angehört und vergessen habe zu essen. Wir fahren in mein

Hotel. Sie sieht, wie ich nach dem Geländer taste und stolpere.
»Ist es so schlimm? Aber da ist das Zimmer. Ich warte hier, und wenn du fertig bist, zeige ich dir japanische Augengymnastik.«
Sie meint es gut. Ich sehe nicht, wo sich die Zimmertür von der Wand abzeichnet, aber als ich die Wand mit den Fingern abtaste, finde ich die Türklinke und öffne.
Es ist kalt im Hotel. Außer mir wohnen hier nur Flüchtlinge, und Flüchtlingen steht offenbar keine gemütliche Hotelwärme zu.
Jetzt muß ich rasch versuchen, dieses Hotelzimmer zu erkunden, denn mein Auftritt beginnt bereits in einer Viertelstunde. Die Frau wartet draußen auf mich, und ich muß noch etwas in den Magen bekommen. Methodisch taste ich nach dem Lichtschalter und knipse die kleine Lampe im Eingangsflur an. Offenbar steht ein Fenster offen, denn aus dem Zimmer strömt kalte Luft. Ich stolpere über eine Stehlampe und drücke auf den Knopf, aber es wird nicht hell. Ich verfolge das Stromkabel mit der Hand, da die Stecker

beim Saubermachen oft herausrutschen, aber dieser hier sitzt richtig. Ich drehe die Glühbirne heraus, schüttele sie und höre, daß sich der Glühfaden gelöst hat und drinnen herumrasselt. Taste mich zum Bett vor und finde eine Leselampe. Der Stecker ist sehr gut versteckt, aber schließlich finde ich ihn doch. Entdecke, daß das Bett ein Doppelbett ist. Das Zimmer ist groß, das kann ich hören, und ich mache das Fenster zu, aber es zieht noch immer kalt herein, also muß es noch ein offenes Fenster geben. Auch das schließe ich. Taste an der Wand entlang und finde einen Schreibtisch. Öffne die Schublade, entdecke aber kein Briefpapier, sondern nur ein völlig aufgeweichtes Telefonbuch, das während einer langen Regenperiode als Fensterklemme gedient haben muß.

Die Toilette muß in dem kleinen Eingangsflur liegen. Taste mich an der Wand entlang, um eine Badewanne oder eine Dusche zu finden, aber es gibt nur eine kleine Toilette. Auf der anderen Seite des Flurs finde ich das Badezimmer. Auf dem Waschbecken stehen zwei umgedrehte Plastikbecher mit jeweils

einem Stückchen Lux-Seife. Alles ist schäbig, schlicht und schwedisch.
Suche dann mit den Füßen nach meiner Tasche, die ich irgendwo hingestellt habe und die ich jetzt, nachdem ich weiß, wie dieses Zimmer angelegt ist, an einen Ort stellen will, wo ich sie wiederfinde.
»Alles gutgegangen?« fragt die Frau, die draußen sitzt und wartet. Sie wundert sich vielleicht, was ich da drinnen so lange getrieben habe, aber ich habe keine Lust, ihr zu erklären, daß ich eine unbekannte Finsternis erforschen mußte.
»Jetzt zeige ich dir die Augengymnastik.«
Ich hätte jetzt lieber etwas zu essen, statt Augengymnastik machen zu müssen, aber ich spiele mit, denn sie ist offensichtlich eine nette Person, die es gut meint und nur etwas zeigen will, was sie kann.
»Zuerst drückst du hier, sieh mich an.« Im dunklen Flur kann ich kaum ihr Gesicht erkennen.
»Wo denn?«
»Hier, gleich über der Nasenwurzel. Da spürst du doch eine kleine Vertiefung?«

»Mmm.«

Sie geht alle Übungen durch, und ich wiederhole ihre Anweisungen, und als sie zufrieden ist, fahren wir zum Bürgerhaus. Sie bringt mich in ihr Büro, holt dann etwas zu essen und kehrt mit ein paar Broten und einem halben Grillhähnchen zurück. Ich stürze mich auf das Essen und kippe noch schnell eine Flasche gurgelndes Light-Bier hinunter.

Wir gehen ins Café, wo mein Auftritt stattfinden soll. Dort ist es dunkel, aber ich ahne an den Tischen Menschen und rieche Kaffeeduft. Es herrscht eine freundlich-murmelnde, erwartungsvolle Stimmung.

»Und nun darf ich den Gast des heutigen Abends vorstellen. Herzlich willkommen, Täppas!« sagt weit hinten im Lokal eine über Lautsprecher verstärkte Stimme. Das Publikum applaudiert, und mir ist schnell klar, daß ich nicht zu der Lautsprecherstimme werde gehen können, ohne Tische umzuwerfen.

»Geh bitte vor mir her«, flüstere ich der Frau zu, und sie geht voran und lotst mich

hin. Sie nimmt mir die Jacke ab, und ich bekomme ein Mikrophon und lege los.
Ich bin gut gelaunt, weil ich jetzt im Warmen bin, etwas gegessen habe und das Publikum aufmerksam und begeistert ist.
Als alles vorüber ist, fährt die Frau mich ins Hotel zurück. Der Regen peitscht gegen die Windschutzscheibe. Sie begleitet mich noch ein Stück, und wir bedanken uns beieinander und trennen uns nach einer flüchtigen Umarmung.
Draußen ist es stockfinster. Ich versuche, zu Hause anzurufen, aber das Telefon funktioniert nicht. Liege auf dem Bett, rauche und höre dem Regen, dem Wind und bosnischer Popmusik zu, die von der Straße aus einem Auto heraufklingt.
Das ist eine Einsamkeit, die so leer und so melancholisch ist, daß ich einfach nichts anderes tun kann, als dort zu liegen und dem Regen zu lauschen.
Putze mir die Zähne, krieche ins Bett, fröstele und schlafe ein.

Kurz vor Abfahrt des Zuges werde ich wach und sitze dann in einem neuen Zug, unterwegs durch ein blaugraues, kaltes und nasses Schweden. Höre mir das Ende von »Der Weg der Schlange über den Fels« an, sitze da und wische mir neben einem Mann in Nadelstreifen mit Aktenordner und Parker Jotter die Tränen aus den Augen.
Als ich unterwegs zum Speisewagen bin, sagt eine aalglatte sanfte Stimme in einem Raucherabteil:
»Na, ist das nicht Täppas?«
»Nein«, sage ich und laufe schnell weiter.
Die aalglatte Stimme geht mir nicht aus dem Sinn. Sie scheint mich an etwas Unangenehmes zu erinnern. Eine Stimme, die schlüpfrige Absichten hat. Sie läuft mir nach, beharrlich und feucht wie der Regen, und ich sehne mich nach zu Hause.
In der Nacht, als ich wieder in meinem eigenen Bett schlafe, ist die Stimme wieder da, eine schlüpfrige Meuchelmörderstimme, naß und saugend wie ein Blutegel. Ich versuche, mich zu erinnern, wem sie gehört, wofür sie steht und was sie von mir will.

Stimmen führen und verführen. Es ist nicht gut, Opfer einer Stimme zu werden, wo Geräusche meine wichtigsten Begleiter sind.

Einmal bin ich mit einem Freund und meinem damals acht Jahre alten Sohn nach Amsterdam gefahren. Wir wollten ein Wochenende dort verbringen und uns einfach amüsieren.

Der Junge wollte ins Foltermuseum. Ich war noch nie dort gewesen, denn Folter ist nichts, was mich anspricht, ebensowenig wie die mittelalterliche Finsternis, die in diesem Museum herrscht. Aber ein Vater muß das tun, was von einem Vater verlangt wird. Natürlich gehen wir ins Foltermuseum!

»Aber dann mußt du mich an die Hand nehmen, ich werde da drinnen nichts sehen.«

»Ist doch klar«, lispelt er.

Wir gehen im Dunkeln über knarrende Dielenbretter und enge Wendeltreppen. Es ist ein hohes schmales Museum, und für mich ist alles völlig unsichtbar, aber mein Sohn erzählt mir die ganze Zeit, was er sieht:

»Hier liegt ein Typ auf einer Bank, und ein anderer Typ bohrt ihm eine dicke Schraube in den Hintern.«

»Uhum.«

»Und hier wird ein Typ zwischen zwei große Stacheln gequetscht und …«
»Danke, das reicht.«
»Willst du das nicht hören? Zieh jetzt übrigens den Kopf ein, an der Decke ist ein niedriger Balken.«
»Na, mach weiter.«
Die Schrecklichkeiten kommen in sanftem Gelispel über seine unschuldige Zunge, und das Grauenhafte wird gleichzeitig niedlich und besonders grausam. Es ist ein völlig absurder Bericht.
»Ein Typ sticht einem anderen Typen, der festgebunden auf einem Pfahl liegt, Stöckchen in die Augen.«
»Sollen wir nicht irgendwo Kaffee trinken gehen?«
»Nein, warte doch: Da liegt ein Typ auf einem Nagelbrett …«

Das wahre Nagelbrett ist für mich mein Alltag. Reisen und arbeiten funktionieren problemlos. Schlimmer ist es, in der Dunkelheit der Wohnung auf die scharfe Kante eines zerbrochenen Spielzeugs zu treten oder mor-

gens in einem Bett voller Kinder aufzuwachen und zu hören, daß eines ein anderes kneift und das gekniffene weint.
Ab und zu bin ich am Verzweifeln. Wenn die Kinder in mein Sehfeld hinein- und hinaushüpfen und -springen. Das ist, als ob man im Sommer halb nackt ohne Mückenöl durch ein Moor in Lappland wandert. Die Mücken sind überall, und es ist unmöglich, sich vor ihnen zu schützen.

Werde ich langsam für meine Umgebung zur Qual? Zu einem anspruchsvollen und erbost kläffenden blinden Hund, der gestreichelt werden will, aber selber nur frustriert knurrt? Die jüngsten Kinder sind so klein, daß ich keine Ansprüche an sie stellen kann. Und doch tue ich das manchmal und ärgere mich dann, wenn sie sich irrational verhalten.
Eines Tages sehe, besser gesagt, höre ich auf dem Hauptbahnhof, wie ein Mann in meinem Alter einen Jungen von vielleicht fünf Jahren ausschimpft. Der Mann scheint mir nicht ganz richtig im Kopf zu sein. Er kläfft wie

ein Kettenhund, und das Wahnsinnige ist, daß er mit dem Kleinen schimpft wie mit einem intellektuell ebenbürtigen Menschen. Der Junge steht da, und seine Unterlippe zittert wie eine kleine nervöse Schlange, und der Mann schimpft immer weiter.
Wie ein Fausthieb trifft mich die Erkenntnis, daß ich dieser Mann sein könnte. Ebenso dumm und unfähig, mich in die Welt anderer Menschen einzufühlen.

»Entschuldigung.«

»Schaff dir 'ne bessere Brille an!« faucht mich ein Mann an, den ich im Eingang zur U-Bahn anrempele. Soll ich ihm jetzt einen Vortrag darüber halten, daß mit meiner Brille alles in Ordnung ist, daß aber im hinteren Teil meiner Augen ein ungeheuer komplizierter Prozeß nicht stattfindet, der nämlich, der das Bild aufnimmt und es ans Gehirn weitersendet?

Nein, das tue ich nicht, ich gehe einfach rasch weiter. Der alte Idiot weiß ja nicht, daß ich meine Flügel ausprobiere. Es müßte doch möglich sein, ohne den zusammenklappbaren weißen Stock zurechtzukommen, der zu Hause in meiner Tasche steckt.

Vielleicht sollte ich darüber schreiben, überlege ich und taste mich zur Treppe, die zur U-Bahn hinunterführt. Ich sehe das Geländer, denn es reflektiert Licht, das von irgendwoher kommt, greife danach und gehe einen Schritt die Treppe hinunter. Mein Fuß landet in der Kinderwagenspur, und ich rutsche auf meinen ausgelatschten Turnschuhen wie ein um sich fuchtelnder Betrunkener

nach unten. Aus irgendeinem unerfindlichen Grund schaffe ich es bis ganz unten, bekomme wieder festen Boden unter die Füße und finde mein Gleichgewicht wieder. Ein paar kleine Mädchen kichern über diese Gratisvorstellung des alten Onkels.
Scheinbar unbekümmert gehe ich weiter. Niemand sieht, wie mir das Herz klopft.

Jacob, ein alter Freund, der selbst seit seiner Jugend an Netzhautablösung litt, hat mich, solange er lebte, niemals bedauert.

»Ach, du Blindschleiche!« sagte er aufgesetzt dramatisch, wenn ich das Tischchen in seiner dunklen Diele umstieß. Er dachte praktisch und wollte zum Beispiel wissen, wie ich es schaffe, mich zu rasieren.

»Du hast sicher einen elektrischen Apparat, um dir nicht die Nase abzuschneiden?«

Ich erklärte ihm, daß Rasieren das geringste Problem sei, daß es darauf ankomme, sich vorzutasten, und daß ich nie auf die Idee verfallen würde, einen Elektrorasierer zu benutzen. Wenn ich mich irgendwo zurechtfinde, dann in meinem Gesicht. Ich weiß genau, wo meine Barthaare wachsen und in welche Richtung sie sich legen.

Alle anderen Dinge im Leben sind es, die mir Sorgen machen, alles, was nicht mein Körper ist, aber wogegen mein Körper jederzeit stoßen kann.

Als Jacob überhaupt nichts mehr sehen konnte, weil seine Netzhaut sich aus ihrer

Verankerung gelöst und wie ein Rollo herabgesenkt hatte, rief er mich an:
»Rasieren ist ja überhaupt kein Problem«, bestätigte er nüchtern aus seinem dunklen Raum.
Es gibt immer noch etwas Schlimmeres. Alles ist relativ. Wir wußten beide, daß er an einer anderen schlimmen Krankheit sterben würde.
Als wir uns das letztemal getroffen haben (*gesehen* ist nicht der passende Ausdruck, wenn es um eine Begegnung zwischen zwei Menschen geht, von denen der eine ganz und der andere fast blind ist), lag er, auf Kissen gestützt, unter vielen Krankenhausdecken in seinem Krankenzimmer.
Ich konnte ihn in dem gelblichen Licht erkennen. Sein Gesicht war eingefallen. Er sah aus wie ein Vogel, genau wie mein Vater unmittelbar vor seinem Tod. Trotz seines erschöpften Aussehens war er vom Morphium ungeheuer aufgekratzt. Er war vollständig frei und segelte in Gedanken überallhin. Wir amüsierten uns königlich, und als es Essenszeit war, sagte ich zu der Schwester, ich könne

das Füttern übernehmen. Es gab Ravioli und Light-Bier.
Er riß den Schnabel auf, und ich zielte. Am Ende waren die Ravioli über das ganze Bett verstreut, aber die Krankenschwester fand das nicht weiter schlimm. Sie sah ja, wie lustig wir waren.
Jetzt ist Jacob nicht mehr, zumindest nicht körperlich, aber sein Geist umgibt mich des öfteren. Bisweilen beklagen andere, daß er fehlt, aber ich werde gut gelaunt, wenn ich an diese schwarze Farce denke: Ein Blinder füttert einen Blinden mit Ravioli.
Sein unsentimentaler, aber nicht herzloser Humor und Lebenswille sind ein Geschenk, an dem ich teilhaben durfte und das ich immer bei mir trage.

Ein sehbehinderter Mensch kann normalerweise nicht soviel unternehmen wie ein normal sehender. Ich kenne den Grund nicht, aber ich habe den Drang, mir Sachen zuzumuten, vor denen sich sogar voll Sehfähige hüten sollten. Postpubertärer Trotz? Ich weiß es nicht, aber es ist so: Man erlebt lustigere Dinge, wenn man Risiken eingeht. Sicher fliehe ich in Gedanken bisweilen in den stillen finsteren Raum, wo nichts passiert und nichts passieren kann, aber ich weiß, daß sich das Leben dort nicht abspielt.

Es gibt Behinderte, die egozentrische Monstren sind, defekte Körper, die wegen fehlender Funktionen alles fordern. Ihre Behinderung ist die Achse, um die sich alles dreht. Zum Glück leben wir nicht in einer Gesellschaft, in der mißgebildete Kinder im Wald ausgesetzt werden. Es gibt ein soziales Wohlwollen, ein Netz von Maßnahmen, wodurch selbst die Schlechtestgestellten aufgefangen und in eine Art Leben integriert werden können. Ein Kokon von Apparaten

ist vorhanden, um jeden Menschen einzuhüllen, der in dieses Leben ohne die Voraussetzungen hineingeboren wird, und damit fertig zu werden.
In einer Zeit, in der alles analysiert, kostensenkend durchgeführt werden und sich schließlich lohnen soll, gehören die Behinderten allerdings zu einem kostenintensiven Sektor.

Sie kommt in ihrem Spezialrollstuhl ins Zimmer. Der Stuhl surrt ganz leise, und man hört vor allem das Geräusch des Gummis auf dem Fußboden, wenn sich die Räder drehen. Sie hat keine Arme und Beine, weil ihre Mutter während der Schwangerschaft Contergan genommen hat. Dort, wo das eine Bein sein sollte, sitzt ein Zeh. Mit diesem kleinen Stummel steuert sie ihren Stuhl und dessen Bewegungen.
Sie hat trotzige Augen hinter ihrer modernen Brille, und ich denke, daß in ihr unendlich viele Gefühle wohnen müssen. Sie ist doch vollständig davon abhängig, daß ihr Stuhl funktioniert und daß immer Menschen

in der Nähe sind, um ihr beim Essen, auf der Toilette – bei allem helfen zu können. Sie kann sich ohne Hilfe nicht einmal im Bett umdrehen.

Sie arbeitet in einer Telefonvermittlung und kann durch verschiedene Kopfbewegungen Gespräche annehmen und weitervermitteln.

»Ich weiß, was ich will«, sagt sie. »Das habe ich schon immer gewußt.«

Sie kaut einen protzigen Tabakspriem. Sie läßt sich von niemandem etwas gefallen, und sie weiß, was sie will, und ich bringe es nicht über mich, sie zu fragen, was für ein Gefühl es ist, mit diesem von Extremitäten freien Rumpf zu leben. Etwas erschreckt mich.

Nicht ihr Aussehen erschreckt mich, der Gedanke daran, daß ihr immer jemand anderer den Hintern abwischen muß, daß ihr unbeholfener Rest von einem Körper rund um die Uhr die Fürsorge anderer braucht oder daß sie vielleicht eine Geilheit empfindet, für die es auf dieser Welt keinen Platz gibt.

Meine eigene Behinderung ist im Vergleich mit ihrer nur ein Flüstern. Eigentlich sollte

ich dankbar sein, daß ich nicht so geboren wurde.
Was mich erschreckt, ist ihre Härte, dieser absolute Panzer, der nichts hinaus- oder hineinläßt. Möchte ich denn, daß sie weint und um Anteilnahme bittet?
Ich weiß es nicht. Vielleicht erfordert eine so starke Behinderung solch einen Panzer. Ihr Aussehen und die technologische Lösung sind weniger Science-fiction als der Gedanke, sie könnte weinen.
Ihre Eltern wollten diesen Klumpen nicht, der im Kreißsaal aus dem Mutterleib kam, aber andere gab es, die ihn wollten. Jetzt sitzt sie hier und sieht trotzig aus. Ihre Betreuerin, ein junges Mädchen, sitzt in der Ecke und wartet. Sie sieht sanft aus.
»Teilt ihr alles?« frage ich und ahne eine Symbiose.
»Sie hat ihren Freund und ich habe meinen«, sagt das Mädchen im elektrischen Rollstuhl, und ich blicke zur Betreuerin hinüber. Das Mädchen in der Ecke nickt.
Es gibt so viele verschiedene Lösungen und Möglichkeiten zu leben. Jeder hat das Recht,

um seiner selbst willen und nach seinen eigenen Voraussetzungen zu leben.

In Moskau lebt der legendäre Augenarzt Professor Fjodorow. Dieser Mann hat eine rationelle, serienmäßig durchführbare Operationsmethode für extrem Kurzsichtige entwickelt. Menschen aus aller Welt kommen zu ihm, um sich in einer seiner Kliniken operieren zu lassen. Der Professor besitzt mehrere Hotels, in denen seine Patienten während ihres Aufenthalts in Moskau wohnen können. Er wird allgemein »Mr. Dollar« genannt.

Als Professor Fjodorow nach Stockholm kommt, um über den Einkauf einer Mobiltelefonanlage zu verhandeln, verkehrt er in dem Kreis um Jan Stenbeck. Ein Bekannter von mir, der zur Stenbeck-Clique gehört, begegnet Stenbeck und Fjodorow auf einem Fest und erzählt von meinem Sehproblem. Fjodorow behauptet, er könne mich heilen.

Am nächsten Vormittag ruft mich mein Bekannter an, um mir darüber zu berichten. Ein Gefühl der Unwirklichkeit packt mich. Ich bin zu der Zeit Reporter für die Fernsehsendung »Moderna Tider« (Moderne Zeiten), und unausgesprochen entsteht die Absicht, daß ich nach Moskau reisen soll, um bei Fjodorow mein Sehvermögen in Ordnung bringen zu lassen. Die einzige Bedingung dabei ist, daß alles gefilmt und für eine Reportage verwendet werden kann.

An einem trüben Novembernachmittag begebe ich mich zusammen mit meinem kleinen Sohn, der im Kinderwagen sitzt, zum Kinnevikshaus auf Skeppsbron in Stockholm. Dort herrscht diskrete Zurückhaltung.

»Einen Moment, Professor Fjodorow empfängt in der Bibliothek.«

Morgens habe ich den Professor in Linköping angerufen, um seine Meinung über Fjodorow zu hören. Er sagt, daß es bei einem weltberühmten russischen Chirurgen dazugehört zu behaupten, er könne alles. Daß Fjodorow einer der besten internationalen Chirurgen für Kurzsichtigkeit ist, ist unbestreitbar, aber ob er auch soviel über den feinelektronischen Prozeß, der in der Netzhaut vor sich geht, weiß?

Der Professor macht mich auf einige Dinge aufmerksam, nach denen ich fragen soll. Er findet es spannend, daß ich Fjodorow treffen

werde. Zwischen beiden gibt es zahlreiche Gegensätze.
Der Professor sitzt wie eine große erstarrte Schildkröte in einem Sessel in der Bibliothek. Er spricht Englisch wie die Spione in alten Bond-Filmen.
Mein Sohn leckt an einem Eis, während ich meine Art von Sehproblem darlege, und der Professor sagt, das sei für ihn ein Kinderspiel. Er beschreibt die Behandlung, eine Mischung aus chirurgischen Eingriffen im Gesicht, um mehr Blut in die Augenpartie gelangen zu lassen, und Injektionen mit einem THX-ähnlichen Präparat. Er gibt mir seine Visitenkarte und bittet mich zu faxen, ob ich komme. Stenbeck zahlt.
Die Karte ist aus festem Karton, elegant gestaltet und mit verschnörkelten Buchstaben in Gold.
Ich schüttele die trockene, klauenhafte Hand des Professors und gehe wieder hinaus in den Schneematsch.
Nein, ich will nicht nach Moskau, obwohl es nichts kostet. Der englische Retinitis-pigmentosa-Verband rät seinen Mitgliedern von

Reisen nach Moskau ab. Bei genauerer Untersuchung gibt es keine Beweise dafür, daß Fjodorows Behandlung wirklich zu Verbesserungen führt.

Ich will nicht nach Moskau reisen und geheimnisvolle Injektionen bekommen und danach in den Zeitungen und im Fernsehen landen. Als ich abends nach dem Fjodorow-Termin nach Hause komme, blinkt der Anrufbeantworter, und zwischen verschiedenen Nachrichten höre ich Stenbeck:

»Hallo, hier ist Jan Stenbeck … ähm … wie war's denn bei Fjodorow?« Klick.

Er klingt sehr geschäftsmäßig und professionell gestreßt. Er hat sicher viel am Hals.

Der Herbst kriecht über die Hausdächer und bereitet mit einer feuchten, düsteren Decke das Bett für den Winter vor. Der Himmel über den Gassen, der sonst wie eine Schicht aus Licht über uns liegt, sickert langsam aus dem Bild.

Als ich unsere Haustür erreiche, ist es dunkel. Ich gehe in die Wohnung und rühre in einem großen rostfreien Topf einen Pfannkuchenteig an. Mit Hilfe des Quirls merke ich, wann genug Mehl im Teig ist. Im Radio läuft ein Bericht über ein Hundehotel in Carmel, USA, und ich quirle und frage mich, warum der Reporter nichts über den Hunger rundum in der Gesellschaft berichtet oder irgend etwas anderes bringt als ausgerechnet dieses alberne Gerede über ein Hundehotel.

Meine Frau ruft vom Zahnarzt aus an. Ich soll die Kinder vom Spielplatz abholen. Die babysittende Großmutter braucht Ablösung.

»Draußen ist es so dunkel«, sage ich lahm, aber ich sehe ein, daß das nur eine Marginalie ist, eine visuelle Unannehmlichkeit, die ich überlisten muß. Ich ziehe mich an, gehe die Treppen hinunter und überquere langsam den Platz, während ich aufmerksam lausche, um zu hören, ob Menschen unterwegs sind. Da stehen ein paar und reden miteinander, aber die kann ich hören. Schlimmer sind die, die stumm und still im Dunkeln stehen. Sie senden keine Signale aus und sind für einen Blinden wie tot.

»O Verzeihung«, sage ich, als ich gegen einen fremden stummen Körper stoße.

»Paß doch auf, zum Teufel!«

Die Gassen sind pechschwarz, und nun müßte ich einen Stock benutzen, aber dazu bin ich zu eitel. Ein Spaziergang zum Spielplatz kommt mir vor wie eine undurchführbare Reise, aber ich kenne das Ziel, und wenn ich mich überhaupt irgendwo auskenne, dann in diesen Gassen. Ein Blinder auf der Suche nach seinen Kindern.

Ich suche mit den Händen an der Mauer nach dem Eingang zum Spielplatz. Sieht mich jetzt irgend jemand? Das sähe ein bißchen dumm aus! Ich tue so, als würde ich an der Mauer entlangschlendern und horche auf Geräusche und Stimmen. Es riecht nach Herbst, trockenes Laub raschelt unter mei-

nen Füßen, und ich hoffe, daß ich nicht in einen Hundehaufen trete.
Die Mauer öffnet sich: der Eingang! Ich mache das Tor auf, hinter dem allerlei los zu sein scheint. Die Ketten der Schaukeln quietschen, und irgend jemand buddelt im Sandkasten. Die Geräusche zeichnen die Ereignisse in die Dunkelheit. Kinder spielen, und eine erwachsene Stimme, die ich wiedererkenne, fragt, ob ich etwas suche.
»Meine Kinder und ihre Großmutter«, antworte ich der Stimme in der Finsternis.
»Die sind vielleicht da oben«, sagt die Stimme und meint damit den Absatz einer Treppe oben bei den Schaukeln. Ich gehe in die Richtung, zögere aber, weil ich weiß, daß so viele Geräte im Weg stehen, die beim Spielen verschoben worden sein können. Auf halbem Weg überlege ich: Soll ich den Besitzer der Stimme bitten, mich die Treppe hinaufzubringen? Ich stehe in meiner Unentschlossenheit wie angewurzelt da. Aber da höre ich die Kleine oben glücklich »He, he« sagen und mache mich auf den Weg, stoße gegen den Baum zwischen Treppe und Mauer und weiß

jetzt, wo ich bin. Ich gehe hinauf und rufe. Großmutter begrüßt mich und kommt mir entgegen.
Wieder einmal habe ich es geschafft! Dann gehen wir zusammen über den Schulhof. Ich ziehe den Wagen, und als ich damit den Torrahmen streife, sagt Großmutter, ich solle nach rechts abbiegen. Alles ist vollkommen undramatisch.

Ich rufe Marika bei Aftonbladet an, weil ich über jemanden ein paar Auskünfte brauche. Wir reden über alles mögliche, über das Wetter und über das, worüber man eben gerade spricht. Sie macht eine Pause, und ich spüre ihre Gedanken und frage mich, wie sie es wohl ausdrücken wird:
»Ja, sag mal, wie ist es denn jetzt mit deinen Augen?«
Sie sagt das so nebenbei, aber ich weiß, daß es ihr nicht um hungrige Sensationslust geht, und deshalb antworte ich so aufrichtig, wie ich kann:
»Na ja, die Arbeit geht ziemlich gut. Ich kann schreiben und reden und sogar reisen

und Fernsehen machen, aber es ist so schwer, kleine verlegte Kinderstrümpfe zu finden.«

»Aber das geht doch *allen* Männern so!« Wir lachen.

Als ich aus der U-Bahn komme, hat die Dämmerung den Tag in einen Novembernachmittag gehüllt, der ebenso feucht wie dunkel ist. Feuchtigkeit bringt und verschlingt Licht auf ungleichmäßige Weise. Feuchtigkeit trügt.

Stehe eine Weile am U-Bahn-Ausgang und überlege, welchen Weg ich nehmen soll. Wenn ich geradeaus gehe, muß ich an der Baustelle auf der Straße vorbei, und ich weiß nicht, wie tagsüber während der Arbeit Böcke und Laufplanken verschoben worden sind. Es gibt auf diesem Weg zu viele Unsicherheitsfaktoren.

Gehe langsam nach links und versuche, nicht mit irgend etwas zusammenzustoßen und gleichzeitig Kåkbrinken auszumachen. Ich finde die Gasse und gehe sie vorsichtig weiter. Kreuze die träge Flut von Spaziergängern auf der Västerlånggatan wie ein langsames Insekt, das eine Landstraße zu überqueren sucht.

In der Gasse ist es völlig dunkel, aber das Straßenpflaster wirft einen schwachen Schein des Himmels zurück. Mein Herz häm-

mert. Ich muß meine Haustür finden und die Finger über den Türcode streifen lassen Als ich auf den Platz komme, sagt eine Stimme:
»Hallo, Täppas!«
Ich blicke mich um, sehe aber nur dunkles Wirrwarr.
»Hier bin ich – der aus dem Tabakkiosk!«
Ich kann ihn vage ahnen. Er wollte nur hallo sagen und dann weitergehen, aber er hat seine Anwesenheit, meine Anwesenheit und unsere Begegnung bestätigt. Er weiß, daß ich schlecht sehe, und stellt deshalb ausdrücklich klar, daß er es ist, der mich begrüßt. Es ist eine freundliche Anpassung seinerseits an den Alltag, was ich sehr zu schätzen weiß.

Anpassung ist kein angenehmes Wort. Es klingt so, als ob eine natürliche, wenn auch interessante Dissonanz getilgt werden sollte, damit alles stimmt. Aber zu versuchen, einen Nagel mit einem Schraubenzieher statt mit einem Hammer einzuschlagen, um so dem Dasein Stil zu verleihen, bedeutet nicht, eine

interessante Dissonanz herzustellen. Das ist einfach nur dumm.
»Daß du das kannst!« sagt meine Frau nachdenklich, wenn ich am Telefon jemandem geholfen habe, mit dem unbezwingbar logischen Kommando eines Computers fertig zu werden.
Sie sagt das, weil sie weiß, daß ich im Grunde genommen technisch unbegabt, das heißt, an Technik nicht interessiert bin. Daß ich gelernt habe, mit einem Computer umzugehen, ist nicht nur eine Frage der allgemeinen Anpassung. Ohne Computer hätte ich schon vor drei Jahren aufhören müssen zu schreiben. Es interessiert mich allerdings nicht, *wie* er funktioniert, nur daß er funktioniert.
Es gibt absolut erstklassige technische Hilfsmittel, die auf hochtechnologischen Lösungen beruhen. Es gibt Computer mit Punktschriftdisplay, synthetischer Sprache und vielem anderem. Technik ist alles, was sich mit Inhalt füllen läßt.

Ähnlich ist es mit der Einsicht in die Krankheit: Ohne wirkliche Reife ist sie nichts wert.

Das läßt sich leicht sagen. Aber es war nicht so einfach, als meine Augenärztin vor einigen Jahren nachdenklich sagte:
»Einen gewöhnlichen schwarzen Text kannst du doch sicher nicht sehr gut lesen?«
Es fiel mir damals schwer, das zu akzeptieren. Was sie sagte, war eine kristallklare Feststellung.
Sie hatte recht. Ich wurde immer abhängiger davon, daß das Farbband in der Schreibmaschine völlig neu war und einen so schwarzen Text wie möglich produzierte. Ich hatte mehr und mehr angefangen, mich auf Improvisation und auf Regieanweisungen in fetten Filzstiftbuchstaben zu verlassen. Das klappt, wenn es um eine fünfminütige Radioeinlage geht, um eine Plauderei vor der Kamera oder um einen freien Vortrag, aber als ich zum zweitenmal »Sommar, sommar« (Sommer, Sommer) moderieren sollte, wurde es schwierig.
Beim erstenmal schrieb ich mehrere Wochen lang am Manuskript. Ich fuhr zum Radio und hatte panische Angst, aber als ich im Studio saß und die Erkennungsmelodie hörte,

wurde ich ruhig. Es war eine Live-Sendung, aber ich hielt das wie immer für den Text von Vorteil und wußte, daß die Sendung gelingen würde. Es war ein schönes Gefühl, ein besonderes Glück.

Beim zweitenmal, zehn Jahre später, hatte ich wiederum mehrere Wochen am Manuskript gesessen und hatte ein rundum gutes Gefühl. Die Lampen im Studio wurden eingeschaltet, und ich war sehr nervös, wußte aber, es muß sein, in ein paar Minuten werde ich mich beruhigt haben.

Aber die Sendung kam nicht in Gang, obwohl, rein formell gesehen, alles problemlos lief. Ihr fehlte der Biß, eine Art magischer Kontakt, wie er im Augenblick einer Live-Sendung entstehen kann. Dieser magische Impuls stellte sich nicht ein, und anschließend sagte der Produzent:

»Na, das ist ja gutgegangen.« Das hörte sich an, als ob er meinte, daß es einigermaßen gelaufen sei, mehr auch nicht.

Erst viel später ging mir auf, wo der Fehler gelegen hatte. Mein Manuskript hatte mir ja gefallen, und ich hatte auch die passende

Musik dazu ausgesucht. Das Problem war, daß ich den Text nicht richtig sehen konnte und über lange Passagen hinweg dasaß und rätselte, was da stand. Vielleicht wäre es besser gewesen, wenn ich das Manuskript außer acht gelassen hätte. Aber das paßte nicht in mein Weltbild. (Im Dunkeln sehe ich etwas schlecht, sonst gibt es aber keine Probleme!)
Natürlich gab es ein Problem, aber ich konnte es nicht sehen und wagte es auch nicht.

»Ich kenne Leute, die sich mit so etwas gut auskennen«, sagte die Augenärztin, als ich zaghaft zugab, daß mir das Manuskriptlesen schwerfiel. Es ging gut, wenn ich es langsam für mich las, aber es laut zu lesen, zum Beispiel im Radio einen Text zu »plaudern«, war sehr schwer.

Bengt bei IBM in Sundbyberg schüttelt mir im Entrée der Firma im Stil der sechziger Jahre die Hand, und ich fühle mich nicht wohl in meiner Haut. Es ist dieses Gefühl, einer Behörde gegenüberzustehen, einem riesigen, furchterregenden Apparat mit einem Anrufbeantworter, der mitteilt, daß niemand zu erreichen sei, da alle zu Tisch oder in einer Konferenz sind oder schon Feierabend haben.

Ich glaube, er merkt, daß ich mich nicht wohl fühle. Er achtet aber nicht darauf und ist auf eine freundliche Weise sehr sachlich. Anfangs denke ich, daß er versucht, sich auf mich einzustellen, da er mich aus dem Fernsehen kennt, aber rasch wird mir klar, daß das einfach seine Art ist.

Wir gehen die Punkte durch, bei denen ich Hilfe brauche, und Bengt fertigt einen Bericht an. Mein Gefühl, ein »Fall« zu sein, verschwindet. Man will mich keiner fertigen Lösung anpassen oder zum Klavierstimmer umschulen. Man will mir helfen, damit ich meine Arbeit fortsetzen kann.

Es zeigt sich, daß ich ziemlich problemlos von einem Bildschirm ablesen kann, wenn die Buchstaben hell sind und der Hintergrund dunkel ist.

»Da du viel auf Reisen bist, brauchst du einen tragbaren Computer mit gutem

Kontrast und außerdem an deinem täglichen Arbeitsplatz einen richtig großen Bildschirm.«

Wir fahren mit zwei weiteren Mitarbeitern zu verschiedenen Händlern und finden am Ende genau das, was am besten für mich geeignet ist. Es ist phantastisch. Gleichzeitig tobt in meinem Innern ein Kampf zwischen meiner Verdrängungszentrale (»Nein, ich brauche doch keine Hilfe!«) und meiner Vernunft (»Wie gut, daß ich damit jetzt Hilfe habe!«).

Da ich keine Ahnung von Computern habe, muß ich einen Kurs absolvieren. Meine Lehrerin ist freundlich und weist mir eine Kabine zu, in der meine Geräte aufgebaut sind. Die meisten, die hierherkommen, sind stark sehbehindert, und mehrere der Lehrer sind blind. Die Räume sind hell, aber hin und wieder passiert es, daß ich über einen Blindenhund stolpere. Als ich mich bücke, um ihn zu streicheln und um Entschuldigung zu bitten, wird mir gesagt, ich solle das lassen. Blindenhunde sind streng dressierte und sehr geduldige Tiere, die nicht dadurch verwirrt

werden dürfen, daß Fremde sie streicheln. Die Atmosphäre des Kurses ist sanft und völlig unsentimental.
»Tock, tock«, höre ich einen weißen Stock an meiner Kabine vorbeitappen. Die weißen Stöcke machen mich nervös.
In der Kabine neben mir sitzt ein Mann mit derselben Diagnose, wie ich sie habe. Er sieht fast gar nichts mehr.
»Wie alt bist du?« fragt er, und als ich mein Alter genannt habe, sagt er:
»Wenn es in dem Alter losgeht, dann geht es richtig los. Dann geht es verteufelt schnell.«
Das war wie ein Schlag in den Magen.

Nach drei Wochen werden die Geräte bei mir zu Hause installiert, und ich habe wieder Lust zu schreiben. Ich kann jetzt problemlos lesen, was auf dem Schirm steht. Auf Reisen nehme ich den tragbaren Computer mit und kann im Hotelzimmer sitzen und schreiben und die Texte über das Faxmodem schicken.
Anfangs mache ich alle möglichen Fehler. Texte verschwinden spurlos vom digitalen

Kosmos der Festplatte, und es stört mich, daß Computer sich nicht überreden lassen. Einen kaputten Volvo-Amazon kann man mit einem Stück Dosenblech und zwei verbogenen Siebenzollnägeln reparieren, aber ein Computer verlangt einen exakten Befehl. Nichts darf auch nur haarscharf daneben sein. Immer nur ein Kommando ist richtig, und das widerspricht meinem eigenen phantasievollen Denken.

In einer Gasse stoße ich auf Ulf Lundell und frage ihn, worauf er schreibt. Er erzählt, daß er eine mechanische »Facit privat« benutzt und daß heutzutage wohl nur noch er und Klas Östergren so arbeiten.

Das ist wie bei alten Männern auf dem Land, die sich darauf versteifen, statt einer Motorsäge eine Bogensäge zu benutzen. Und warum nicht: Es hält sie in Gang, weil sie daran glauben.

Anfangs habe ich den Widerstand der Tasten vermißt, das Geräusch der Walze, den Geruch von Tipp-Ex und das Gefühl, zwar verschmiertes, aber richtiges Papier in der Hand zu halten. Genau wie mich der Lüfter des Computers und das Rattern des Drukkers irritiert haben. Jetzt kümmert mich das nicht mehr.

Als die Festplatte kaputtging und ausgetauscht werden mußte, kam mir das vor, als ob ein Angehöriger zu einer Herzoperation ins Krankenhaus müßte. Einen Nachmittag lang befand sich das Gerät in den Händen einiger Techniker, und ich lief nägelkauend hin und her.

Jetzt nehme ich den Computer überallhin mit, denn in ihm ist alles Geschriebene plus diverse Notizen und ein Telefonverzeichnis gespeichert.

»*Du* kannst mit einem Computer umgehen!?«

Ja, in der Tat, und ich kann mir die Zähne putzen, und rasieren kann ich mich auch.

Eines Tages spreche ich mit einer jungen Frau, die blind geboren ist. Sie weiß nicht, was Rot ist, sie kann die Brauntöne der verschiedenen Schokoladensorten nicht unterscheiden, und sie hat nie gesehen, wie die Birken von Lila in hellstes Grün übergehen, um dann tiefgrün zu werden und sich schließlich orange und rot zu verfärben. Wie träumt ein Mensch, der nie ein Bild gesehen hat?
»Was siehst du in deinen Träumen?«
»Nichts«, sagt sie, und meine Frage klingt ziemlich dumm.
»Aber wie träumst du denn?« Sie erzählt, daß sie Stimmen und Stimmungen träumt, daß in ihren Träumen das Leben tost. Aber es gibt keine Bilder. Das ist unfaßbar.
Ich selber habe schon so viel gesehen, habe die verschiedenen Farben kennengelernt und mich in vielen und wechselnden Landschaften zurechtgefunden. Werden die Bilder in meinen Träumen zusammen mit meinem Sehvermögen verwittern? Werden sie ihre Aktualität einbüßen wie alte Nachrichtenfilme?

Du mußt nicht traurig sein, weil du blind wirst. Mein Vater hat fünfmal geheiratet, nachdem er blind geworden war«, sagt die ältere Schriftstellerin, die ich im Gewimmel oben in Mosebacke treffe, wo ich Conférencier bei einer Veranstaltung des schwedischen Sehbehindertenverbandes war. Sie legt mir liebevoll schützend die Hand auf den Arm und sagt Worte, von denen sie glaubt, daß ich sie hören möchte. Sie ist nett.

Aber ich will auf diesem Ohr nicht hören, ich bin vollauf damit beschäftigt, verheiratet zu sein. Ich will das auch weiterhin bleiben, aber lernen, Streitigkeiten richtig einzuordnen. Welcher Streit beruht auf meiner Sehbehinderung und welcher nicht? In welchem Ausmaß beeinflußt meine Sehbehinderung meine Laune und meine Wutausbrüche meiner Frau und meinen Kindern gegenüber? Ich tappe auf mehreren Ebenen herum, manchmal ein Opfer der puren Wut und manchmal total vergiftet von komischen Gedanken.

Ich war immer ein liebes Kind. Mama und Papa waren liebevoll zu mir und gaben mir so das Gefühl, daß ich zu etwas tauge und ein Recht hätte, auf der Welt zu sein, und zwar aus keinem anderen Grund als dem, daß es eben so war.

Ich bin nicht mehr lieb, jedenfalls nicht immer und überall. Manchmal werde ich so wütend, daß ich die Kücheneinrichtung zerschlagen möchte, und manchmal kann mich mitten in einem Interview die Zwangsvorstellung überkommen, daß ich dem Menschen, den ich interviewe, mitten ins Gesicht spucken möchte. Eine kranke, maßlose Wut flackert auf und grinst mich mit ihrem widerwärtigen Gesicht an. Das bin nicht ich, aber sie frißt mich auf.

Ich bin ein blinder, böser, frustrierter Mann mittleren Alters, dessen Zynismus wie ein Krebsgeschwür wächst. Aber manchmal bin ich wunderbar gutmütig und jovial wie ein glückliches Schwein ohne einen anderen Ehrgeiz als den, mir mit etwas Gutem den Bauch zu füllen und zusammengerollt unter einer großen und kuscheligen Decke zu schlafen.

Je weiter wir in das westliche Norrland hinauffahren, um so zerklüfteter wird die Landschaft. BeO sitzt am Steuer und hat gesagt, daß es noch ein ganzes Stück zu fahren ist, aber daß er deswegen diese Reise unternimmt, weil er hofft, ein Ersatzteil, das es längst nicht mehr im Handel gibt, für sein altes Auto zu bekommen. Ich habe gerade nichts anderes vor und finde es schön, die Gedanken durch den vorbeiziehenden Wald fließen zu lassen.

BeO biegt von der E4 ab und fährt noch einige Dutzend Kilometer auf kurvenreichen Nebenstraßen, ehe wir den Autofriedhof erreichen. Hier war einmal ein Bauernhof. Die Häuser und der Kuhstall stehen noch, aber auf den Feldern wächst kein Getreide mehr. Statt dessen liegen dort Autos in unterschiedlichen Stadien des Verfalls aufeinandergestapelt.

Die Sonne hat den Lehm auf dem Hofplatz trocken und hart gebrannt. Sie tanzt und schlägt auf mehreren Hektar toter Autos blitzende Volten.

Der Mann, der sich um den Schrott kümmert,

hat große ölige Hände, buschige Augenbrauen und trägt einen blauen Overall und eine richtig dreckige Mütze. Er registriert unsere Gegenwart, ohne uns anzusehen.
»Er ist völlig blind. Er soll angeblich bei einem Schweißunfall vor ewigen Zeiten einen Funkenregen ins Gesicht bekommen haben«, flüstert BeO und erklärt ihm dann laut, welches Ersatzteil er braucht. Neben dem Mann stehen seine Frau und sein Sohn. Sie fangen an, über den Kopf des Blinden hinweg darüber zu diskutieren, wo sich wohl in dieser Anhäufung von Autowracks dasjenige mit dem richtigen Jahrgang und Fabrikat finden läßt.
Der Mann räuspert sich, und Frau und Sohn verstummen.
»Geht den breiten Gang hoch, dann nach rechts, ungefähr fünfzig, sechzig Meter. Da steht ein blauer Chevrolet unter einem Wohnwagen. Geht dort nach links und folgt dem Gang zehn Meter weiter, dann steht da ein blauer Passat und darauf ein Auto, in dem bestimmt ist, was ihr sucht.«
BeO leiht sich zwei Schraubenschlüssel, und

wir folgen dem Weg, wie ihn der Mann beschrieben hat, und richtig, genau an der Stelle, mitten in diesem unvorstellbaren Chaos aus Autowracks, finden wir das gesuchte Auto. BeO bricht die Motorhaube auf und fängt an zu schrauben. Er flucht und müht sich ab, und schließlich springt er mit einem öligen Teil in der Hand von den aufeinandergestapelten Autos herunter.

»Ich brauch nicht das Ganze, sondern nur diese kleinen Klötze hier.« Er zeigt darauf. Ich begreife nichts, aber das spielt keine Rolle.

Als wir zum Wohnhaus und dem Hofplatz zurückkommen, sitzt der Blinde im Schatten eines Vordachs von einem Werkzeugschuppen. Er hockt im Schneidersitz auf dem Boden wie ein alter indianischer Schrottschamane.

»Na?«

»Doch, ich habe gefunden, was ich gesucht habe, aber wie bekomme ich die kleinen Klötze ab?«

Der Sohn kommt mit einem Meißel angestürzt und fängt an zu brechen und zu schrauben. Es führt zu nichts.

»Gib mal her.«

Der Blinde klemmt das ölige Metallteil zwischen seine Schuhe und nimmt dann einen kleinen Holzstab und einen Hammer. Mit kleinen, vorsichtigen und rhythmischen Schlägen gegen das Stückchen Holz, das er an einem bestimmten Punkt des einen Klotzes angesetzt hat, fängt er an, leicht gegen den Klotz zu klopfen. Hier ist List gefragt, nicht Gewalt.

Der Klotz löst sich, und der Mann verfährt mit den anderen genauso. Frau und Sohn stehen daneben, still und gleichsam ehrfurchtsvoll.

BeO erhält seine Klötze und reicht der Frau ein paar Zehner.

Wir stehen noch eine Weile herum und reden übers Wetter. Als die Unterhaltung verebbt, verabschieden wir uns und fahren los.

Wir winken aus dem Auto, und der Mann, sein Sohn und seine Frau winken zurück.

BeO fährt und pfeift. Er freut sich über seine Klötze. Mich läßt der Gedanke an diesen blinden Mann nicht los, an diesen übernatürlichen Küster eines Autofriedhofs. Er verfügt über mehrere Hektar mit Unfallwagen, er hat alle Einzelheiten über sie im Kopf, und er wirkt vollkommen sicher. Ich habe an etwas Unglaublichem teilhaben dürfen, und mir kommt der Gedanke, daß BeO vielleicht wollte, ich solle deswegen zu diesem Schrott mitkommen, damit ich etwas von dem Blinden und seiner Art, mit der Welt umzugehen, lernen könnte. BeO weiß, daß ich mich mit allem beschäftige, was mit nachlassendem Sehvermögen zu tun hat, aber ich lasse die Sache auf sich beruhen und stelle keine Fragen.

Ob ich wohl so werden könnte wie dieser Blinde? Einen Teil der Welt lernen und darin vollkommen sicher sein? Ich glaube es nicht, aber immer wieder kehre ich in Gedanken zu diesem Erlebnis zurück, zu dieser magischen Séance zwischen toten Autos und einem blinden Schrottschamanen auf einer Lichtung tief im Wald.

Wer braucht nicht Vorbilder? Richtig erwachsene Männer gibt es nicht viele. Erwachsene Männer sind oft müde und verbraucht. Sie können zwar aufgrund formeller Macht und angehäuftem Reichtum stark sein, aber sozial und menschlich gesehen sind sie ziemlich wertlos. Ich will keine triste Abfalltüte sein.

Aber wie ist das mit blinden Vorbildern für Männer mittleren Alters?

Ich habe einen blinden Freund, der ausgesprochen sympathisch ist. Er ist ein eckiger Typ, der sich nicht in die allgemeinen Normen einpaßt und der ein gutes Leben lebt, obwohl er nicht viel sieht. Er wehrt sich ständig dagegen, in den Blindenpferch gejagt zu werden, und ist stets geneigt, die Grenzen des Möglichen zu überlisten.

Wir waren gestern zusammen mit seinem Bruder im Restaurant der Königlichen Bibliothek. Der Geruch einer guten alten Wirtschaft schlägt mir schon im Eingang entgegen, ein Geruch, den ich aus meiner Kindheit kenne, als ich zusammen mit Papa hierherkam. Er wollte in einem feinen, gepflegten

Rahmen zechen. Ich weiß, daß Bilder an den Wänden hängen, sehe sie aber nicht mehr, sondern nehme sie nur als leise Erinnerung wahr. Das Bild dort, das einen Kirchturm oder so etwas Ähnliches darstellt und worin eine echte Glocke hängt, ist so schön, daran erinnere ich mich.

Der sehende Bruder schildert uns, wie die übrigen Gäste aussehen und wie alt sie ungefähr sind, und liest uns die Speisekarte vor. Aber wo ist das Glockenbild?

Mein Freund zieht ein kleines Fernglas aus der Tasche und reicht es mir. Plötzlich sehe ich deutlich das Bild mit der Glocke und werde innerlich ganz warm und glücklich. Dieses kleine Etwas hat plötzlich meine Möglichkeiten erweitert.

»Du kannst es behalten«, sagt er, und ich komme mir vor wie ein Kind am Weihnachtsabend.

Er will auch keinen Stock, und da er früher Leiter einer Sehberatungsstelle war, weiß er alles über die verschiedenen Möglichkeiten, um Sehprobleme auszugleichen. Sein Optiker hat mir, obwohl er zu einem anderen Bezirk gehört, meine beste Brille angepaßt. Er ist unorthodox und findet Lösungen, indem er verschiedene Methoden kombiniert. Er hat ganz einfach Phantasie.

»Mit dieser hier kannst du die Monitoren in Arlanda sehen, so daß du das richtige Flugzeug nimmst.«

Er ist pfiffig und trotzig, nicht nachgiebig, dumm und verbittert wie viele Sehbehinderte. Ich ziehe meine Mini-Maglite hervor, eine ganz kleine Taschenlampe, und leuchte auf den Teller, um zu sehen, wie und wo das Essen ist. Pfifferlinge liegen oben auf einer halb zerpflückten Artischocke. Vor einigen Jahren hätte ich nicht den Mut gehabt, in einem Gasthaus mit einer Taschenlampe auf meinen Teller zu leuchten, aber jetzt pfeife ich drauf. Es wäre schrecklich, das Essen nicht zu sehen, und unangenehm, wie wenn ich mit einem neuen Bekannten irgendein dunkles Lokal besuche und zum fünftenmal die Zitronenschale in den Mund nehme und wieder ausspucke. Ich habe Hunger und will satt werden und bin leicht beschwipst.

Wenn ich ein heroischer Sehbehinderter

wäre, so einer, der im Schulfunk interviewt wird und der tüchtig, zielbewußt und tapfer ist – dann wäre ich ein anderer.
Ich sterbe fast vor Wut. Und das, obwohl ich im Restaurant der Königlichen Bibliothek ein fein ausgeklügeltes Fernglas bekommen habe und Filetsteak essen und über Projekte sprechen kann.
Ich werde blind. Genau das ist es, und ich kann diesen Gedanken nicht ertragen.
Obwohl mein Freund sagt, daß ich jetzt reifer wirke als vor einem Jahr. Immerhin etwas.

Aber wie *ist* es *wirklich* mit deinen Augen?«
»Na ja, danke, ich werde blind.«
»Ja, daß so was möglich ist!«
Ja, nicht wahr? Total verrückt.

Man will ja richtig antworten. Menschen müssen fragen, und Menschen müssen eine Antwort erhalten. Immerzu stellen wir uns gegenseitig Quittungen aus, bestätigen einander und sehen uns selbst durch andere. Als jemand, der immer mehr erblindet, kann ich die Angst anderer widerspiegeln. Sie fragen und nennen das Unangenehme beim Namen. Wie schonend soll ich mit meiner Antwort sein? Ich sehe ja, obwohl ich nicht so gut sehe, wie etwas Großes und Schwarzes über ihr Gesicht huscht. Ich könnte dick auftragen oder betont munter und ausgelassen sein. Wie aber soll ich ein echter Spiegel für die Ängste anderer sein, wenn ich den Spiegel nicht halten kann, ohne zu zittern?

Was steht in der Zeitung? Das Radio bringt immer wieder dieselben Nachrichten, und zwar von großen Ereignissen: von Konzernen, die zusammenbrechen, von Zinsen, die feststehen und schwanken, und von brutalen Übergriffen auf Einwanderer.
Ich sehne mich danach, Zeitung lesen zu können, stutzen zu können mit Blicken und Gedanken und das Gehirn mit all diesen kleinen Bruchstücken zu füllen, die das bewußte Bild davon, wie alles zusammenhängt, aufbauen. Von dem, was passiert, und von dem, was das besondere Gesicht unserer Zeit ausmacht. Wer spielt wo? Was ist das für ein Wind, der durch die Zeitungsseiten weht? Warum schreibt sie so über dieses Buch? Seelachsfilet im Sonderangebot in Solnahallen. Michael Jackson ist pädophil. Die »Stützstrümpfe« teilen mit, keine eigene Partei gründen zu wollen.
Manchmal rede ich mir ein, es sei gut, daß ich die Abendzeitungen nicht mehr lesen kann, daß sie das Gehirn nur mit fiktivem Mist belasten. Aber ich bin Journalist, und

ich müßte mehr oder weniger alles, was in den Zeitungen steht, lesen oder zumindest davon wissen, auch, wenn es mich nicht direkt angeht. Immer wieder habe ich Texte verschlungen: Bücher, Reklamebroschüren, Schilder – was auch immer. Bevor ich Kinder hatte, las ich vielleicht zwei Bücher in der Woche, und die Zeit auf dem Klo nutzte ich für die Lektüre von Anzeigenblättern und anderem, was zwar nutzloses Wissen vermittelt und doch auf seine Weise über die Zeitläufte berichtet. Das aktuelle Sonderangebot für Fleischwurst zusammen mit einer Notiz über neue Vorschriften für Schweinezucht sowie mit Bruchstücken aus einer Rundfunkdiskussion über die Landwirtschaft der Zukunft werden zu Bausteinen eines Gesamtbildes.

Werde ich das nun verlieren? Werde ich mit zunehmender Blindheit auch intellektuell isoliert sein?

Gespräche und Begegnungen bestehen nicht nur aus Worten. Wenn ich Politiker im Fernsehen sehe (ich sehe auf dem kleinen elektronisch verstärkten Bildschirm noch immer gut, wenn ich nah davorsitze und meine Lesebrille aufhabe), stelle ich oft den Ton leise und lese nur den Gesichtsausdruck. Das ist sehr interessant. Ein Nasenflügel zittert. Eine Augenbraue wird vielsagend hochgezogen. Köpfe werden mitleidig zur Seite geneigt oder vertraueneinflößend zum Zuschauer gebeugt.

Was Politiker zu sagen haben, steht in Parteiprogrammen, aber an dem Gesicht und an der Körpersprache kann man ablesen, was sie empfinden und ob sie in sich selbst ruhen, wenn sie ihre Botschaft rüberbringen.

Wahre Begegnungen mit wahren Menschen sind tiefgreifender. Es gibt so viel in einer Begegnung, was nicht aus Worten besteht – Pausen und kleine Überleitungen, die leichte Veränderung im Gesichtsausdruck, der seine besondere Bedeutung und Spannung dadurch erhält, daß der Sprecher eben so aussieht, wenn er etwas sagt oder eine Pause macht.

Bestimmte Gespräche haben ein Seil in sich gespannt, eine Kontinuität, und die Spannung dieses Seils wird gleichermaßen durch Wörter, Gesten und Mienenspiel aufrechterhalten.

Mir graut davor, diese Dimension zu verlieren.

Bei einer mühseligen Höflichkeitskonversation ergreift jemand sofort die Gelegenheit, sich aus dem Gespräch auszuklinken, wenn der Blickkontakt unterbrochen ist. Das mag verständlich sein, aber für mich ist es schwierig, wenn der, mit dem ich spreche, glaubt, daß ich nichts mehr zu sagen habe, nur weil ich den Betreffenden nicht ansehe. Es erfordert eine enorme Willensanstrengung von seiten des Sehbehinderten, sich darüber hinwegzusetzen.

Blind und einsam – wer will das sein?

Die Stimmung in der Nachrichtenredaktion des Funkhauses ist müde und vertraut. Dort sind alle Nachrichten- und Sportstudios untergebracht, und dort wird die Sendung »Hemma« (Daheim) produziert. Ich muß jeden Freitag innerhalb dieses Programms zwanzig Minuten lang live das Gespräch »Fredagsfikat« (Freitagskaffee) moderieren.

Nehme eine Stunde vor Sendebeginn ein Taxi zum Fernsehen. Die Winterdämmerung verwischt langsam alle Konturen, und ich stehe einen Moment vor dem Funkhaus und versuche, die Tür zu lokalisieren. Irgend jemand geht hinein oder kommt heraus, und so höre ich, wo die Tür ist. Die große Eingangshalle wimmelt von Gästen irgendeiner Samstagabendunterhaltung, die aufgezeichnet werden soll, und ich ziehe schnell den Hut in die Stirn und gehe vornübergebeugt weiter, um nicht von Menschen gesehen zu werden, die rufen:

»Ach, da geht ja *der*!«

Das Mädchen an der Rezeption entdeckt mich im Gewühl, und sie weiß, daß ich

schlecht sehe und ins Studio muß. Sie drückt auf einen Knopf, so daß sich die Türen zum Studioblock öffnen.
In der Redaktion wechsele ich ein paar Worte mit dem Produzenten und frage die Mädchen, was sie für die wichtigsten Ereignisse der Woche halten und was ich in meiner Sendung aufgreifen könnte. Die drei Gäste finden sich nach und nach ein, und wir gehen gemeinsam in die Nachrichtenredaktion. Da ich den Weg kenne, gehe ich voran. Die Jungs von der Technik nicken. Hier werden Minister und Kommentatoren in die verschiedenen Aufnahmestudios hinein- und wieder herausgeschaufelt, und niemand würde auch nur eine Augenbraue hochziehen, wenn Jesus selber einträte, um in einem Interview von einer Minute und vier Sekunden seine Ansicht über die neue Forderung nach der Todesstrafe für unverbesserliche Kriminelle vorzutragen.
In der Maske, dem praktischen und mentalen Übergang zwischen dem natürlichen und dem fernsehgerechten Sein, rede ich mit Åsa. Nach den vielen gemeinsamen Sendun-

gen sind wir Vertraute geworden. Sie ist beides, Therapeutin und Kosmetikerin, und sie kennt unglaublich viele witzige und schweinische Geschichten.

»Hast du die letzten Gardell-Witze gehört?«

»Nein, erzähl!«

»Okay – es ist soweit!« sagt Pinnen, der verantwortlich dafür ist, daß die Gäste im richtigen Augenblick das Studio betreten oder verlassen. Ich lege ihm die Hände auf die Schultern, und auf diese Weise führt er mich und die anderen Gäste durch den dunklen engen Kontrollraum in das grellerleuchtete Studio.

Ich bitte den Gast zu meiner Linken, mir aufs Knie zu tippen, wenn der Techniker das Zeichen gibt, daß wir auf Sendung sind. Dann blicke ich in die Richtung, wo vermutlich die Kamera ist, begrüße die Zuschauer und stelle die verschiedenen Gäste vor. Das Gespräch kommt in Gang. Der Kaffeetisch ist in Halogenlicht gebadet, so daß ich keine größeren Probleme mit dem Sehen habe. Das Wichtigste in dieser Situation ist außerdem, gleichzeitig denken zu können, und mit äußerster Präsenz erfinderisch und mit den Gedanken immer zwei Schritte voraus zu sein.

Nach zwanzig Minuten erlöschen die starken Lampen, und die Abspannmelodie ertönt aus den Monitoren. Die Sendung ist beendet.

Wir bedanken uns gegenseitig, während das technische Personal herumwuselt und die Leitungen einzieht, denn jetzt wird alles für die Nachrichtensendung vorbereitet.

Ich hole meine Sachen und rufe der Redaktion, die in gemütlicher Die-Arbeitswoche-ist-vorüber-Beleuchtung dasitzt und Wein trinkt und über die vergangene und alle kommenden Wochen plaudert, »danke« und »auf Wiedersehen« zu. Weiche dem Transportkarren aus, der draußen direkt vor den Redaktionsräumen stehen kann. Meine Beine mit ihrer Musterkarte von blauen Flecken wissen auch ohne Mitwirkung meines Gehirns, daß dieses verdammte Ding manchmal genau dort steht.

Wie lange werde ich noch so weitermachen können? Noch läuft es, obwohl der Spielraum eingeengt ist. Gibt es blinde Fernsehjournalisten, und ist das nicht ein Widerspruch in sich?

Draußen auf der Straße steht ein Taxi. Ich glaube das jedenfalls. Die Dunkelheit hat sich gesenkt, und ich sehe nur Reflexe und Lichtfetzen. Schließlich gibt sich der Taxifahrer zu erkennen, und ich gehe langsam auf die Stimme in der Dunkelheit zu. Wir verlassen die Stadt, denn ich soll in einer Bibliothek oben in Roslagen sprechen. Die Vororte schimmern in aufgelöstem Winterlicht, und die Tankstellen liegen wie große neonglühende Würfel am Straßenrand verstreut.

Das Bibliothekspersonal weiß, daß ich schlecht sehe. Sie kommen, um mich abzuholen, auf den Bürgersteig, und dann gehen wir die Treppen hoch. Ich bin ein bißchen müde und zerstreut und immer noch von der Sendung her geschminkt, aber alles geht gut. Die Bibliotheksleiterin bedankt sich am Schluß mit einer Blume und sagt, ich bekäme kein Buch von der Art »Roslagen – bygden i våra hjärtan« (Roslagen – der Ort, den wir lieben), da Jonas Gardell nach seinem Auftritt vor einiger Zeit darauf so boshaft reagiert habe. Im Gegenzug erzähle ich einen neuen Gardell-Witz, was ich sofort bereue.

Es gibt Düfte, die nur ein einziges Mal auftauchen und die es dann nur noch als Erinnerung gibt, und es gibt Zeiten, in denen ein Duft, der einem solchen Einmalduft ähnlich ist, diese Erinnerung wie ein Feuerwerk aufsteigen läßt.

Es gibt so vieles, was nur einmal auftaucht, und das Leben ist so kurz. Es gibt so vieles, was ich erreichen will, und so vieles, was ich erleben will. Erste Düfte, Einmaldüfte und Düfte, die einfach etwas auslösen. Es gibt unendlich viele davon.

Es ist merkwürdig, daß so viele Menschen es nicht besonders eilig zu haben scheinen. Sie lassen das Leben verstreichen und erheben den Alltagstrott und das Vorhersehbare zur einzig wahren Richtschnur des Lebens. Aber bei so vielen Düften kann das Leben nicht bedeutungslos sein. Nur kurz, so beklagenswert kurz.

Ich irre auf einer brennenden Brücke umher, und vor mir ist Finsternis. Die Brücke brennt wie Zunder. Ich höre das hungrige Knistern, ich ahne die Lohe und weiß, daß es keinen Weg zurück gibt.
Ich irre wie ein nägelkauendes Gespenst von einer brennenden Brücke in einen Tunnel, an dessen Ende es kein Licht gibt. Die Schwärze ist mein Erbteil, aber ich habe noch immer nicht den zusammenklappbaren weißen Stock aus der Tasche geholt.

Allein mit den beiden Jungen auf dem Land. Der Schneesturm heult um das Haus. Es ist in allen Zimmern warm, aber der Ofen frißt das Holz, und der Holzkorb ist ständig leer.

Ziehe mir die hohen Gummistiefel an, nehme die Halogenlampe und den Holzkorb und gehe nach draußen. Der Holzschuppen liegt dreißig Meter vom Kücheneingang entfernt, gleich hinter dem alten unbewohnten Haus. Der Schnee wirbelt, er kommt von allen Seiten, und die Lampe am Haus ist kaputt. Aus dem Zimmer ganz hinten schimmert ein wenig Licht. Alles andere ist Dunkelheit. Die Halogenlampe leckt mit ihrer Zunge über den Schnee, aber irgendwo zwischen dem alten Haus und dem Holzschuppen verliere ich die Orientierung und die Himmelsrichtung. Die Lampen an der Eisenbahnlinie sind sonst über den schwarzen Wiesen zu sehen, aber der Schnee löscht alle Geräusche und Lichtpunkte aus, und ich habe mich verirrt. Ich versuche, in verschiedene Richtungen zu gehen in der Hoffnung, mit den Händen oder mit den Füßen gegen etwas Bekanntes zu stoßen. Die Batterie der Halogenlampe ist fast leer. Die Zunge aus Licht wird immer kraftloser. Der wirbelnde Schnee dringt zwischen Hals und Hemdkragen. Stoße plötzlich in einer Ecke, auf die ich nie gekommen wäre, gegen die Schuppenwand. Jetzt gilt es nur noch, der alten baufälligen Bretterwand einige Türen weiter zu folgen, bis ich zu dem Birkenstock komme, der als Stütze dient und die Tür zum Holzschuppen verschlossen hält. Kleinholz liegt vor dem Stapel mit größeren und längeren Holzscheiten. Das kann ich mit den Händen fühlen, und es überrascht mich, bis ich darauf komme, daß sicher Christina hier das Holz hingeworfen hat, das sie selber braucht. Steige über das Kleinholz hinweg und stopfe ein Holzscheit nach dem anderen in den Korb. Haue dann die Tür wieder zu und mache mich auf in Richtung rund um das alte Haus. Rutsche auf einer mit Schnee bedeckten Eisfläche aus und verliere das Gleichgewicht, falle aber nicht hin. Finde den Zwischenraum zwischen den Häusern und folge den schwach erleuchteten Fenstern bis zum Kücheneingang.

Als ich in die Küche komme, springt mein ältester Sohn vom Fernsehsofa auf und sagt: »Alles gutgegangen? … Du warst so lange weg, Papa.«
»Schön, den Streß hinter mir zu haben, und dann hat die Lampe noch Ärger gemacht.«
»Mmh.«
Er dreht sich um und springt wieder zum Fernseher. Ich öffne die Ofentür und stopfe Holz hinein. Der Ofen braust wie ein gewaltiger Magen, als das Feuer das Holz erfaßt.
Daß ich mich auf meinem eigenen Grundstück verirren kann! Das Feuer tost im Ofen, und eine Maus raschelt hinter der Wand. Muß Kaffee trinken. Muß Ruhe bewahren. Muß mich erinnern, daß es nicht gefährlich ist, sich ab und zu zu verirren. Muß mir einbilden, daß es gut ist, aus dem Gleis zu geraten. Muß.

Es gibt alle möglichen Geschichten über tapfere Behinderte. Stell dir vor, er ist vollkommen blind und hat trotzdem das Dach seines Hauses selber gedeckt!
Aber warum müssen Blinde Bungee springen? Warum springt überhaupt irgend jemand Bungee?
»Du hast gut reden, du yuppiesehbehinderter Großverdiener!«
Natürlich bin ich privilegiert, weil ich die Arbeit tun kann, die ich will. Und ich bekomme Schuldgefühle, wenn ich Sehbehinderte treffe, die nicht länger das, worin sie gut sind, tun können. Es ist erniedrigend und grauenhaft, auf diese Weise ausgegrenzt zu werden.

Ein forsches und freundliches Vorbild für Behinderte bin ich nicht. Manchmal meldet sich die eine oder andere Behindertenorganisation bei mir, aber man will nicht meine Seele, sondern nur meinen Namen und Status für die Massenmedien.
Ich bin ein in der Nacht Umherirrender, der bei sonderbaren Adressen in Taxis ein- und

aussteigt, ein nägelkauender und gelegentlich saufender Schatten, der sich nicht selbst im Spiegel sieht.
Oder ist das vielleicht eine Pose, eine Art, sich zu maskieren und zu stilisieren, nicht nur etwas leidend zu sein, sondern vornehm und schwer leidend? Im großen und ganzen wache ich viel zu selten im falschen Bett auf oder steige bei einer zweifelhaften Adresse aus dem Taxi.
Ich stehe am Herd, koche Brei und fluche gelegentlich vor mich hin, weil ich nicht ungestört Radio hören kann.

Die Sekretärin meldet sich, und ich stelle mich vor und sage, es sei wichtig, ich müsse den Arzt sprechen. Ich fühle mich etwas schuldig, denn was ich dem Arzt zu sagen habe, ist:
»Verschreiben Sie mir ein Glas mit rosa Pillen, von denen man ein wenig friedlich wird. Ich weiß, daß man Schwierigkeiten nicht mit Drogen zudecken, sondern statt dessen die Probleme aufarbeiten soll. Ich weiß das alles und kenne auch durchaus Methoden, die zum Tod führen und bei denen kleine rosa Tabletten nicht nötig sind. Ich möchte nur ein paar Pillen haben, die ich manchmal nehmen kann, wenn alles zu einem destruktiven, bohrenden Messer im Bauch wird. Ich muß den Druck erleichtern können, so daß ich klar denken und weitermachen kann. Das ist alles.«
Danach fahre ich mit dem Taxi durch die Stadt und erhalte ein Rezept und eine Handvoll Pillen, die sich unter einem hellblauen Wattebausch in einem braunen Glas befinden. Ein Trostpflaster für einen alptraumgeplagten Sehbehinderten.

In der Hülle meines tragbaren Computers liegt die Telefonnummer eines Therapeuten, eines richtigen Therapeuten, der selber eine Analyse gemacht und viel Erfahrung hat. Aber der Zettel mit der Telefonnummer zerfranst immer mehr.

»Hast du angerufen?«

»Nein.«

»Warum nicht?«

»Keine Ahnung. Hast du übrigens Milch gekauft?« (Können wir nicht über etwas anderes reden?)

Alkohol ist ein schwerer und primitiver Hirntöter, aber manchmal will ich das, was im Kopf passiert, nur zum Schweigen bringen, und dann gieße ich so viel in mich hinein, damit ich schnell über die üble Schwelle hinwegkomme. Die bedeutungsträchtigen Warnlichter schwanken und verschwimmen, und das macht nichts. Genau das ist es; nichts bedeutet noch etwas. Alkohol ist Pessimismus, der sich selbst ertränkt. Alkohol ist traurig und schön.

Wenn sich alle jenseits der Warnlichter

vergiftet haben, ist es ganz leicht, sich in einer großen berauschten Gesellschaft aufzuhalten, leicht, aber nicht immer erinnernswert.

Spätabends nach einer langen Reise mit vielen arbeitsreichen Tagen und viel zuwenig Schlaf komme ich für einen Auftritt als Alleinunterhalter in eine Kneipe auf dem Land. Ich weiß nicht, wie ich es schaffen soll, einfallsreich zu sein, einen spontanen Dialog mit dem Publikum zu führen und dann wieder nach Hause zu kommen.

Die Frau an der Bar fragt, wie es mir gehe, und meint, ich sähe müde aus. Sie erkundigt sich, ob ich etwas trinken möchte, es geht auf Kosten des Hauses, aber ich lehne dankend ab, da Alkohol für die Kreativität lebensgefährlich ist. Auf jeden Fall für mich, vor allem wenn ich so müde bin.

»Probier das mal«, sagt sie, aber ich sehe in der Dunkelheit nicht, was es ist.

»Nichts Gefährliches, leck an deinem Finger und steck ihn hier in die Dose.«

Sie führt meinen angefeuchteten Finger,

und ich berühre etwas Trockenes und Weiches.
»Steck den Finger in den Mund.«
Es schmeckt bitter, und ich spüle es mit einem Schluck Light-Bier hinunter.
»Was war das denn?«
»Reine Gesundheitsnahrung.«
Etwas später muß ich auf die Bühne. Mein Mund ist trocken, aber nervös bin ich nicht. Im Gegenteil; es wird wirklich guttun, loszulegen, und es ist völlig egal, daß ich überhaupt nichts sehe. Die Stimmung ist von Anfang an gut, und ich rede wild drauflos und habe ganz vergessen, daß ich müde bin. Ich jage dahin wie ein Surfer auf einer Welle, ich rede, daß der Schaum nur so stiebt, und neue Gedanken verlangen die ganze Zeit, ausgedrückt zu werden. Als ich fertig bin und den Wirt, der mich durch die murmelnde Dunkelheit führt, nach der Uhrzeit frage, stellt sich heraus, daß ich dreimal so lange gesprochen habe wie sonst. Und ich hätte noch viel mehr zu sagen gehabt.

Meine Gedanken verweilen bei diesem unerschöpflichen Gefühl und dieser Kraft, die ich empfand, nachdem ich den Finger in das Pulver der Frau gesteckt hatte, aber meine Vernunft sagt mir, daß chemische Kraft im Grunde schlecht ist.
Kann man sich blinde Junkies vorstellen? Blinde Gespenster, die die Köpfe hin und her werfen und sich mit ihren weißen Stöcken wie abstinente Spechte durch die Stockholmer Innenstadt voranpochen – auf der Jagd nach Drogen?
Nein, blinde Junkies gibt es wohl nicht, auch wenn viele Sehbehinderte Psychopharmaka schlucken und saufen.

Werden Sehbehinderte gezwungen, sich mehr anzupassen als andere Menschen? Vermutlich. Es wäre deshalb befreiend, wenn es Sehbehinderte gäbe, die aus dem Rahmen fallen und die trotz ihrer Behinderung verrückte Poeten, Visionäre, Diebe und Nutten würden. Egal was, nur nicht geschniegelte Angepaßte.

Ich rufe einen blinden Kollegen an, der soeben Vater geworden ist, und frage, wie es ihm geht. Er erzählt, daß alles gut klappt und daß sie glücklich sind.
»Aber ein bißchen anstrengend ist es wohl schon?« frage ich vorsichtig. Babysocken sind so entsetzlich klein.
Er seufzt und sagt, daß es natürlich ein bißchen nervig sei, aber im großen und ganzen gehe es gut. Dann macht er eine kleine Pause, und als er weiterredet, ist seine Stimme vor Kummer belegt. Tränen sickern zwischen seinen Worten hervor:
»Das Schlimmste ist, daß ich nicht weiß, wie sie aussieht.«
Ich weiß nicht, was ich sagen soll, aber mir ist klar, wie schwer das ist.
Wir räuspern uns und fangen an, über praktische Dinge zu reden, daß er jemanden, der etwas davon versteht, bitten könne, das Baby zu zeichnen, dann das Bild in den Computer einzuscannen und auf einem Bildschirm mit starkem Kontrast darzustellen. Dann könnte er vielleicht sein Baby sehen.
Danach sprechen wir über die Erkennungs-

melodien, die er für meine Kindersendungen gemacht hat. Er fragt, ob er wohl eine Kopie einer fertigen Sendung bekommen kann, wo die Erkennungsmelodie in die Geschichte eingeblendet ist. Ich schäme mich, weil das so lange her ist und er noch immer keine Kopie bekommen hat. Das ist wirklich schlechter Stil.

Ein Grund, warum das bisher unterblieben ist, ist ganz einfach der, daß ich nicht weiß, wo die Kopien liegen. Wenn eine Sendung fertig und ausgestrahlt ist, dann ist das Ganze vorbei. Um mich herum gibt es einen Haufen von Papieren und Tonbandkassetten und Videoaufnahmen, in dem ich keinerlei Ordnung habe.

Aber wenn ich ihn nun vergessen habe, weil er sehbehindert und »lieb« ist und nicht wagt, sich zur Wehr zu setzen?

Ich verspreche, ihm neue Kopien zu bestellen, aber als ich sie zu Hause mit der Post erhalte, verschwinden sie in meinem Chaos. Ich muß ihn anrufen.

Es ist Weihnachten, und wir fahren im vollbesetzten Zug nach Hälsingland. Ich habe meinen Hut tief in die Stirn gezogen und versuche aufzupassen, daß alles klappt, daß die Kinder nicht zu sehr quengeln und anfangen, herumzurennen und zu heulen. Eine Familie mit einem halbblinden, aus dem Fernsehen bekannten Vater ist in einem Zug unangenehm exponiert. Die Leute können sich ja alles mögliche dabei denken und dann darüber klatschen.

Am Weihnachtstag werfe ich aus Versehen den Weihnachtsschinken in den Abfall, da ich ihn in der Eile und der Dunkelheit für eine alte Rübe oder was Ähnliches halte. Ich erkenne ihn ganz einfach nicht.
Meine Frau zuckt mit den Schultern. Wir haben schlimmere Probleme als einen verschwundenen Schinken.

Zu Silvester quetschen wir uns ins Auto und fahren auf glatten Winterstraßen mit vier Kindern zu unseren Freunden ins renovierte Missionshaus bei Matfors. Es ist herrlich.

Wir essen gut, trinken sehr viel Wein, und die Kinder können in dem großen Versammlungsraum spielen. Aber ich merke in dieser mir wohlbekannten Umgebung, daß ich nicht mehr so gut sehe wie beim letzten Besuch. Gleichzeitig habe ich den Vorteil, alles wiederzuerkennen und mich zurechtzufinden.
Dort bei der Tür stehen die klobigen Sessel und gleich rechts daneben ein verzierter Pfeiler. Pflanzen ranken sich in den Schatten und scheinen im Zimmer zu atmen. Schreibtisch und Staffeleien sowie eine kleine Bühne mit einem dicken Teppich. Alles ist da; einiges als Erinnerung, anderes greifbar und vorhanden.
Wir reden bis sechs Uhr morgens, danach krieche ich auf die Matratze und sinke für kurze Zeit in einen unruhigen Schlaf. Dann wacht der Älteste auf und spuckt Fluten auf dem Weg vom Etagenbett zur Toilette. Ich irre auf der Suche nach Lappen und Eimer umher, betrunken und blind, aber mit einer Aufgabe. Einer ekligen und schweren Aufgabe: Das Erbrochene zu lokalisieren. Ich lande mit den Strümpfen mitten in der stin-

kenden Lache. Tröste und stelle den Spuckeimer raus. Der Neujahrstag ist schwer und grau.

Nach einem späten Frühstück gehen wir mit den Kindern nach draußen, an einer Motorschlittenspur entlang, aber für mich wird alles zu aufgelöstem Weiß, und ich gerate immer wieder aus der Spur, während die Kleine ihre Fäustlinge verliert und irgendwo im Weißen liegt und weint.

Als wir wieder zu Hause sind, sage ich:

»Mein Sehvermögen hat sich wirklich verschlechtert.«

»Das merke ich«, sagt meine Frau sachlich.

»Kannst du nicht sagen, das finde ich überhaupt nicht – im Gegenteil: Du scheinst besser zurechtzukommen als seit langem.« Ich sage das halb im Scherz.

»Wenn du willst, daß ich lüge, dann natürlich ...«

»Nein, aber was, denkst du, soll ich tun?«

»Du kannst dich ja pensionieren lassen?«

»Zum Teufel, nein!«

»Na, dann.«

Es ist sehr deutlich und sehr wahr, daß ich

in immer schnellerem Tempo blind werde. Das ist bald das einzige, was ich wirklich weiß, und gleichzeitig das, was mir am meisten Mühe macht, wegzuschieben.
Lügen, nein, aber ich hätte gern Hilfe, um zu begreifen.
Hilfe, um leben zu können, kann ich nicht verlangen. Das ist meine eigene verdammte Verantwortung.

Es könnte lustiger sein. Wie damals, als ich zu einer Konferenz in dem gediegenen und gemütlichen Kurbad Järvsö war mit hohen Bergen ringsum und einem Kellner mit alten kitschigen Medaillen auf der Brust. Bibliothek und Sauna. Genau der richtige Ort für stärkende Spaziergänge und kräftige Mahlzeiten. Dazwischen ausruhen, schlafen und ein paar kleine zerstreute Gedanken.

Ich taste mich durch die Bibliothek, verspüre starke Blähungen nach einem sehr kräftigen Essen und lasse im Schutz der Dunkelheit und Einsamkeit einen fahren.

»Hm, hm«, höre ich aus einem Sessel. Eine ältere Dame sitzt darin.

Wenn ich mich über kleine alberne Versehen freuen könnte, wäre ich ein glücklicher Mensch mit einem ständigen Lachen auf den Lippen. Kein unzufriedener Heulpeter, der sich selber leid tut und seiner Umgebung das Leben vergällt.

Vorgestern nacht fiel eine handgetöpferte Tasse auf den Boden, als ich nach etwas ta-

stete, woraus ich Wasser trinken könnte, und wurde zu unangenehmen Scherben.
Gestern abend griff ich nach einer großen Glaskanne mit einem Rest Saft und leerte sie in einem Zug. Spülte die Kanne und trocknete sie ab, um sie in den Schrank zu stellen. Der Henkel brach ab, und der Rest fiel krachend zu Boden. Ich stand da mit dem Henkel in der Hand und tausend kleinen Glasscherben um meine Füße herum.
»Was ist denn dieses Mal kaputtgegangen?« Die müde Stimme meiner Frau vom Sofa im Wohnzimmer.
»Komm her!« Hilflos, auffordernd und kurz.
»Warum denn?« Müde.
»Komm her, habe ich gesagt!«
»Aber du kannst doch sagen, warum!« Irritiert.
»Komm her!!!« Böse, böse und nochmals böse.
Sie wirft die Zeitung beiseite und kommt. Ich stehe immer noch da mit dem Henkel der Kanne in der Hand und wage nicht, mich zu bewegen, weil ich Angst habe, in die Glas-

scherben zu treten. Sie seufzt und fängt an zu fegen. Ich bin wütend, und sie ist sauer. Sehr romantisch ist das nicht.

Rufe unten an und bestelle Pizza. Aber irgend etwas stimmt nicht, als ich in das Restaurant komme, um die bestellten Pizzen abzuholen. Da ist irgend etwas mit dem Geruch und dem Klang in dem Lokal.

Ich weiß, daß gleich hinter der Tür eine Öffnung in das längliche Lokal führt. Nicke in die Richtung, in der ich den Garderobier vermute. Taste mich weiter und fühle an der Wand, finde aber keine Öffnung.

»Hehe, der da ist wirklich ein Bohémien … am hellichten Tag blau!«

Sie reden über mich. Das ist unangenehm, und ich bin nicht die Spur betrunken.

»Hallo, Täppas!«

Ich nicke in Richtung der Stimmen. Wo ist der Ausgang? Ich muß hier raus. Trete auf die Straße hinaus und schaue mir den Eingang zum Restaurant genau an.

Nach einer Weile erkenne ich, daß es das verkehrte Restaurant ist.

Eines Abends steige ich spät in Göteborg aus dem Zug, wo ich im Bahnhofsrestaurant einen Auftritt habe. Hinter mir liegt ein Arbeitstag in Stockholm, und ich bin ein bißchen müde, aber nicht mehr als sonst.

Es ist unglaublich voll, und ich sitze in der Küche und trinke zusammen mit einem Komiker aus dem Ort, der vor mir auftreten soll, ein Bier. Das Personal schlendert vorbei und grüßt zerstreut. Der andere Komiker mustert mich.

»Ach, du bist also hier.« Sein Blick (ich sehe ihn tatsächlich in der grellen Küchenbeleuchtung) sagt ungefähr: Mein Kleiner, ich glaube nicht, daß du das schaffst.

Draußen brüllt das Publikum, aber das geht mich nichts an, oder vielleicht bin ich auch einfach noch zu neu in diesem Geschäft, um die unterschiedlichen Stimmungen deuten zu können. Da draußen sitzt ein stark angetrunkenes Publikum, aber anders ist das im Restaurant des Hauptbahnhofs in Göteborg auch nicht zu erwarten.

Als es Zeit ist, geht der ortsansässige Komiker hinaus und legt los. Er sprüht vor Witz, ist sarkastisch und mitreißend. Er kämpft sich über diesen Bierschaum hinweg vor, ohne je irgendwo zu landen. Er stürzt weiter und schreit schließlich, daß er jetzt Täppas Fogelberg vorstelle. Ich hole einige Male tief Luft und folge einem Kellner, der mich durch das Gewühl führt. Der Lärm läßt nicht nach, als ich auf die Bühne steige, dennoch lege auch ich los.

Anfangs hören einige zu. Und zwar die, die am allernächsten sitzen, aber das Publikum in diesem schwarzen dampfenden Kessel, das ich nicht sehe, aber sehr genau höre, heult und johlt. Sie lachen und reden und prosten sich zu, und ich bin ihnen völlig egal. Ich spüre eine wachsende Verzweiflung und fange an, Witze zu reißen. Nur ein Vollidiot kommt aus Stockholm angefahren und fängt an, in Göteborg Witze zu reißen. Das ist reiner Selbstmord. Das Chaos wird noch größer, bis ich nicht mehr durchdringe. Niemand hört mehr zu.

Ich verlasse die Bühne. Leute fassen mich an und schreien irgend etwas, aber alles ist nur

groß, seicht und voll von trunkener Fremdheit. Das ist wirklich grauenhaft.
Ich stelle mich an die Bar, und eine Staatsanwältin gibt einen aus und stößt mit mir an. Ihr vom Suff fahles Gesicht verschwimmt im trüben Licht. Die Staatsanwältin versucht, meinen Hut zu stehlen, aber ein Kellner nimmt ihn ihr am Ausgang wieder ab. Ich rauche eine Zigarette und frage irgend jemanden nach der Uhrzeit. Bald geht mein Zug, und den darf ich nicht verpassen.
Jemand begleitet mich zum Nachtzug, und ich lege mich aufs Bett und denke darüber nach, wie riesig diese Niederlage war. Aber ich bin kein bißchen traurig.
Ich summe vor mich hin und zupfe selbstvergessen Fusseln zwischen den Zehen weg. Ich bin trotz meines Fiaskos glücklich und komme schließlich darauf, warum: Das Publikum kümmerte sich keinen Deut darum, daß ich nicht gut sehe. Es nahm gar keine Notiz davon. Ich erhielt aus völlig anderen Gründen eine Chance. Ich war wie jeder andere, der einen schlechten Abend hatte. Schön.

Vielleicht sollte ich die Auftritte als Alleinunterhalter aufgeben? Ich frage mich immer wieder, ob ein blinder Künstler ein Recht hat, komisch zu sein. Oder überschattet die Behinderung immer alles andere? Weckt die Behinderung beim Publikum Schuldgefühle oder sogar Abscheu? Dadurch, daß ich mich und meine Behinderung exponiere, erinnere ich daran, daß der Körper auf unangenehme Weise Schwierigkeiten machen kann. Es kommt vor, daß ich in der Stimme des Gastwirts eine Enttäuschung ahne, wenn er bei meiner Ankunft entdeckt, daß ich fast blind bin. Dann komme ich mir vor wie ein Sack Kartoffeln von zweifelhafter Qualität.

Aber manchmal kann eine schwarze Heiterkeit entstehen, wenn ich auf der Bühne aufgrund meiner Behinderung merkwürdige Dinge tue.

Meistens geht es bei meinen Auftritten gut, und manchmal geht es sogar außerordentlich gut. Wenn mir nur jemand auf die Bühne hilft, mich mit einem Bier versieht und dann bereitsteht, wenn ich heruntersteigen will.

Ich sehe das Publikum nicht, aber höre, wo

die Frau sitzt, die an gewissen Stellen hysterisch und unmotiviert lacht, und ich höre diesen säuerlichen Kerl, der nur gekommen ist, um mich hassen zu können. Die Stimmung im Lokal spüre ich, wenn ich offen bin und zuzuhören vermag.
Warum setze ich mich dem aus? Für einen vollkommen Nachtblinden ist es der helle Wahnsinn zu versuchen, sich in dunkle Lokale zu tasten und komisch zu sein. Es gibt wesentlich unkompliziertere Aufgaben für einen Sehbehinderten. Muß mit einem Psychologen reden.

Der Restaurantbesitzer, bei dem mein Auftritt stattfindet, hat erfahren, daß ich sehbehindert bin und Hilfe brauche, um mich zurechtzufinden. Er führt mich durch das dunkle Restaurant.
»Jetzt halten dich die Leute sicher für betrunken.«
»Ja, oder dich für homosexuell.«
Sein Griff um meinen Arm erstarrt. Daran hat er nicht gedacht. Er geht eilig weiter.

Tasten, tasten und wieder tasten. Ich taste vor dem Kindergarten nach den Knöpfen für den Türcode.
»Aber die Tür ist doch offen!« Mein kleiner Sohn macht mich mit schriller, fast anklagender Stimme darauf aufmerksam. Neben der offenen Tür steht ein Handwerker und grinst.
»Ja, das erste, wo man blind wird, sind die Augen!« Er lacht laut und freundlich. Er meint es nicht böse und will nur nett sein, aber als ich die Treppe hochgehe, murmele ich vor mich hin:
»Darauf kannst du Gift nehmen, du Idiot!«

Als ich mein Flugticket vorgezeigt habe und in die Abflughalle gehe, ist da die Sicherheitskontrolle. Ich lege Taschenlampe, Schlüssel, Münzen und Mobiltelefon ab und stelle die Tasche auf das Fließband, das durch den Röntgenapparat läuft.

Eine selbstsichere Frau tritt vor und bittet mich, ihr ins Nebenzimmer zu folgen. Man hat etwas in meiner Tasche gesehen, was Mißtrauen weckt.

»Ich kann sie aufmachen«, sage ich.

»Das mache *ich*«, sagt die Frau kurz. Ich brumme irritiert etwas über diese unnötige und zeitraubende Schererei vor mich hin. Sie müßten wissen, daß ich kein Terrorist bin.

Es ist unangenehm, zu sehen und zu hören, wie sie in meiner Tasche wühlt. Schließlich hat sie den aparten Gegenstand gefunden. Sie hebt ihn hoch und dreht und wendet ihn.

»Das ist ein zusammenklappbarer *Blindenstock*«, sage ich dumpf und gehe davon.

Es gibt Augenblicke, in denen einfach kein Platz für schwarze Gedanken ist. Ein solcher Augenblick war der oben auf der Hochebene, wohin ich im Führerhaus einer Schneefräse gefahren wurde, mit der Kleinen auf dem Schoß und meiner vierzehnjährigen Tochter auf Skiern im Schlepptau.

Wir bleiben in dem großen Weiß stehen, wo der Himmel eisblau ist und die Sonne den Schnee wie explodierende Sterne funkeln läßt. Der Wind beißt ins Gesicht, und es ist so kalt und schön, daß es weh tut. Der Schnee ist fest, und ich kann überall hingehen, ohne irgendwo anzustoßen. Ich setze die Kleine in den Tragsitz auf meinem Rücken, und dann begeben wir uns langsam auf die weiten Hänge. Ich stehe hinten auf den Skiern meiner Tochter, und wir sausen, als wir alle drei in perfektem Gleichgewicht sind, die langen sanften Hänge hinab. Wir lachen der Sonne mitten ins Gesicht.

Früher war ich ein guter Koch. Erfinderisch und furchtlos stand ich lange am Herd und ließ das Essen zu dampfenden Düften, Geschmacksvariationen und interessanten Zusammensetzungen werden.

Da ich einmal ein guter Koch war, will ich das weiterhin sein. Das muß so bleiben.

»Das Essen brennt dir gleich an!«

»Misch dich hier nicht ein!«

»Ja, aber ich sage doch nur, was ich sehe.«

Das ist es ja gerade. Ich sehe nicht, wie sich der Braten entwickelt, und das frustriert mich und macht mich wütend. Alles soll sein wie immer, aber das ist es nicht. Eine psychische Blindheit läßt mich oft fordern, daß meine Umgebung sich verstellt, so wie ich selber versuche, mich zu verstellen.

Das Essen wird nicht gut. Es ist gut, das einzusehen. Wie sollte ein Blinder auch ein guter Koch sein? Ist ein Sehbehinderter auf Fertigessen aus der Mikrowelle und lauwarme Dosensuppe angewiesen, auf methodische Technologie, genaue Maße und Mengen

statt auf Phantasie und Grenzüberschreitungen?
Der Gedanke daran läßt mich erstarren.

Das Werkzeug, die Leimdosen und das wunderbare Universalmesser liegen draußen auf dem Land in der Scheune unter einer Schicht von Staub und zerbrochenem Spielzeug.
»Wann räumst du deine Tischlerwerkstatt auf, Papa?« fragen die Kinder, und ich weiß nicht, ob ich lügen soll und behaupten, es werde demnächst sein, oder ob ich aufrichtig sein soll und sagen, daß dieser Tag nie kommen wird.
Ich liebe es, kleine Schränke und Regale zu zimmern, Holzstücke zusammenzuleimen und zu schnitzen. Ich möchte wie früher in meinem Tischlerschuppen stehen und Dichte, Maserung und Astlöcher der verschiedenen Holzstücke prüfen, eine Tasse Kaffee neben mir auf der Bank. Aus Gesehenem Möglichkeiten wachsen lassen: Das vergilbte Brett, das draußen im Regen gelegen und sich auf interessante Weise verfärbt hat, könnte ein Türblatt für einen Schrank wer-

den. Es riecht so gut in der Werkstatt, und meine Hände mögen das Holz.
Im letzten Sommer ging ich in die Scheune und suchte nach Werkzeug, um ein Fliegenfenster zu zimmern. Es klappte nicht. Ich sah die Striche nicht, die ich gezogen hatte, und die Säge rutschte in die falsche Richtung. Ich konnte nicht einmal etwas so peinlich Einfaches wie ein Fliegenfenster bauen.
Meine demontierte Tischlerwerkstatt ist eine einzige große Erinnerung daran, daß ich nicht mehr alles machen kann, was ich gern will. Ich ertrage vieles, aber nicht den Gedanken, daß ich niemals mehr in meinem Tischlerschuppen herumwerkeln kann.

Eines Tages werde ich meine Wut hinunterschlucken und den weißen Stock aus der Tasche holen. Durch meine immer verfeinertere Computerausrüstung werde ich sehr viele praktische Probleme, die mit meiner Arbeit zusammenhängen, überbrücken können.
Aber ich werde niemals akzeptieren, daß ich keinen Blick mehr auffangen, die Körpersprache eines Menschen nicht lesen und die-

sen elektrischen Sog wortloser Magie nicht spüren kann, alles das, was nicht Sprache ist: Flirt, eine rasche Bewegung, die über das Gesicht eines fremden Menschen zieht, oder einen Sonnenuntergang, der den Himmel aus glücklichem und unbegreiflichem Wahnsinn brennen läßt.

Nie, nie, nie werde ich aufhören, diese schwarze Kraft zu hassen, die mir die Möglichkeit raubt, vollständig teilzuhaben an diesem schönen, traurigen und viel zu kurzen Leben!

Marcel Pagnol

Marcel

Eine Kindheit in der Provence. Aus dem Französischen von Pamela Wedekind. 276 Seiten. SP 2426

Marseille um die Jahrhundertwende: Eine fünfköpfige Familie bricht auf zu Ferien in der Provence – und hier beginnt für den elfjährigen Marcel ein Sommer voller Schönheit und Abenteuer in den Wiesen und Hügeln der Estaque inmitten von Zikaden und dem Lavendel- und Rosmarinduft der Hochebene. Sein bester Freund, der Bauernjunge Lili, führt ihn zu den geheimen Höhlen und verborgenen Quellen und zeigt ihm die beste Methode, geflügelte Ameisen zu fangen. Der leichte und poetische Ton besticht durch den zärtlichen Blick, in dem Arglosigkeit und Ironie verschmelzen und der kindliche Kosmos wiederaufersteht.

Die bezaubernden und weltberühmten Erinnerungen an die eigene Kindheit, getragen von der großen Herzensgüte ihres Autors.

Marcel und Isabelle

Die Zeit der Geheimnisse. Eine Kindheit in der Provence. Aus dem Französischen von Pamela Wedekind. 195 Seiten. SP 2427

Die paradiesische Ferienidylle des elfjährigen Stadtjungen Marcel, der den Sommer mit seiner Familie in der Provence verbringt, erfährt einen jähen Einbruch in Form eines blonden, verzogenen Geschöpfs, das sich vor Schlangen fürchtet: Die tyrannische Isabelle tritt in Marcels Leben und macht ihn zu ihrem Knappen. Nun eröffnet sich das ganze Spektrum kindlicher Liebe, die in ihrer Absolutheit und Grausamkeit Marcel in heillose Verwirrung stürzt, ihn aber zugleich auch die großen Dinge des Lebens erahnen läßt. Behutsam nähert sich Marcel Pagnol seiner eigenen Kindheit und bewahrt dadurch Distanz, aber auch Zärtlichkeit und Ironie.

Die Wasser der Hügel

Roman. Aus dem Französischen von Pamela Wedekind. 423 Seiten. SP 2428

Maria Wallisfurth

Lautlose Welt
Das Leben meiner gehörlosen Mutter. 277 Seiten. SP 2541

Maria Wallisfurth wurde als hörendes Kind taubstummer Eltern geboren. Um ihr Leben »jenseits der Stille« im Spannungsverhältnis zweier Welten besser bewältigen zu können und um die eigene Lebenssituation vom Ausgangspunkt her zu erklären, ließ sie sich von ihrer Mutter deren Leben »erzählen« – mit ihrer unartikulierten Stimme, mit Hilfe von Gesten und Mimik. Das Leben des taubstummen Mädchens Maria Giefer, das 1897 in einem Dorf in der Eifel geboren wurde: die karge Kindheit auf dem elterlichen Hof, die Schuljahre in der Taubstummen-Anstalt in Aachen, eine Lehre als Näherin, ihre Arbeit als Hausgehilfin in einem Professorenhaushalt, der Alltag im Ersten Weltkrieg und in der Zeit der Inflation. Dann lernt Maria im Taubstummenverein Wilhelm kennen. Sie bekommen eine gesunde Tochter, werden in der Zeit des Nationalsozialismus gegen ihren Willen sterilisiert. – Dieser bewegende Lebensbericht schildert nicht nur den äußeren Verlauf eines besonderen Lebensschicksals; es gelingt ihm mit großer Authentizität und Einfühlsamkeit, in die ganz eigene Assoziations- und Gedankenwelt der Taubgeborenen einzuführen. Und er beschreibt ein auch glückliches Leben und eine große Liebe.

»Meine Eltern waren taubstumm. Ich war ihr einziges Kind, und ich hörte und sprach für sie. Als kleines Mädchen beunruhigte mich der Gedanke, daß meine Eltern vor meiner Geburt ohne ihr hörendes Kind leben mußten. Die Ausnahmesituation meiner Eltern und meine eigene ließen mich schon früh nach dem Wieso und Warum fragen. Ich habe meine Mutter gefragt, immer wieder.«

»Der erste literarische Laut, der aus der Welt der Taubstummen an die Öffentlichkeit dringt, ein Dokument, ein farbiges Zeitgemälde.«
Aachener Volkszeitung